Televisión en la práctica

I0486245

Televisión en la práctica

Televisión en la práctica

Eduardo Cáceres Manso

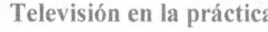

Agradecimientos

Los "caballos" Castellanos, Abel Ponce, Raúl (loco) Pérez, Manolo Rifat, Loly Buján, Ginori, Julio Puentes, Omar Romay, Raúl de la Nuez, Chino Crespo, Casín, Chinea, Carlucho, Yoandy, mis 4 hijos y a mi esposa Mariana.

Televisión en la práctica

"La razón es el único medio objetivo de comunicación y entendimiento entre los hombres, cuando estos tratan entre si por medio de la razón, la realidad es su estandar objetivo y su marco de referencia".

Ayn Rand

Televisión en la práctica

Prólogo

Medio siglo ha transcurrido desde que Eduardo Cáceres Manso comenzó su andadura profesional. Un recorrido que ha estado marcado por el afán de superación, el estudio, y el trabajo, tres elementos que fueron moldeando a otros cuatro que él ya traía de fábrica: su talento natural, su chispa, su inquietud y su habilidad para conseguir objetivos en el siempre complicado mundo de la televisión y el espectáculo.

Le conocí en los años 60, cuando yo, procedente del teatro y de la radio, comenzaba a dirigir programas en Televisión Cubana y él, que había entrado por la puerta de los modestos empleos del área de servicios, ya despuntaba como valor en alza detrás de los visores de aquellas pesadas y entrañables cámaras de torretas, de blanco y negro.

No era fácil destacar como camarógrafo en aquellos tiempos en que nuestra tele podía presumir de un **Equipo Cuba** de todos estrellas como Santa Cruz, El Jockey Piñero, Tony Castellanos, Villota, Centeno, Yaki Ortega, Cheíto González, Abel Ponce, Roselló, Tati Trueba y otros que lamento no citar por lo breve de este texto. Ellos integraban un estupendo conjunto de grandes profesionales a los que ningún reconocimiento público les será suficiente para justipreciar su calidad y su entrega.

Pues no pasó mucho tiempo para que Cachito –como le conocemos sus compañeros y amigos- se colara por méritos propios en aquel grupo que hizo época y se convirtiera en uno de aquellos camarógrafos a quienes todos los directores deseábamos tener en nuestros programas.

Él quería más, una de las cosas admirables que tiene es que siempre ha querido más y ha luchado contra cualquier obstáculo hasta conseguirlo. Y fijó su vista en otro **Equipo Cuba**, el de los directores. Y sin soltar la cámara se movió como él sabe hacerlo entre los entresijos del aparato burocrático del ICRT consiguiendo que le permitieran dirigir algunos programas menores, que no eran suyos pero le proporcionaron la experiencia inicial.

Avanzada la práctica, Cáceres sabía que le faltaba la teoría y allá fue a conseguirla, en los cursos que organizó Loly Buján, en la Licenciatura en Historia del Arte que cursó en la Universidad de La Habana y en cuanto texto interesante le cayó en las manos.

Y en 1978 aprovechó una oportunidad y desarrolló, a base de talento y olfato, un proyecto suyo que en manos de cualquier otro hubiese pasado como un concurso más. Su "Para Bailar" sacudió a la por entonces acartonada televisión cubana, constituyó uno de esos jonrones con las bases llenas con que sueña todo creador televisivo y colocó su nombre en el reducido grupo de sólidos directores de musicales que encabezaban tres leyendas: Amaury Pérez García, Joaquín M. Condall y Manolo Rifat.

Reconocido ya como figura de la TV, se le abrió el camino de los espectáculos y eventos organizados por el Ministerio de Cultura y por ahí tiró, demostrando que lo suyo no era flor de un día.

Pero era Cuba fidelista y el camino estaba aún repleto de impedimentos y trabas por causa de la intolerancia ideológica. Su tránsito por esa enmarañada ruta, que en definitiva le ha llevado a triunfar también en la televisión de habla hispana que se hace en USA, le toca contarlo a él.

A mí me corresponde hoy señalar su interés permanente en los aspectos teóricos del arte en general y de los medios masivos de difusión en particular. Siempre leyendo, siempre analizando, siempre opinando.

De su inclinación a desentrañar las hipótesis y las tesis que nos expliquen el complejo universo que hay detrás de las pantallas, surge la interesante serie de reflexiones y apuntes que Cáceres Manso nos entrega en este ensayo que muestra sus dudas y certezas, sus experiencias y sus puntos de vista. Y que abre espacios para la polémica útil que nos enriquecerá a todos.

Eugenio A. Pedraza Ginori
Galicia, septiembre de 2015.

La Televisión hispanoparlante en USA

Encuestas serias demuestran como los índices de audiencia son directamente proporcionales a los sucesos que influyen y terminan modificando las sociedades. En los últimos 50 años una suma de eventos trascendentes han cambiado el mundo que nos rodea. Si la televisión los interpreta de una manera adecuada se pueden obtener buenos resultados de audiencia, porque funciona como nuestra conciencia, al ser quien mejor refleja las necesidades morales, políticas, sociales y emocionales de una nación, siendo la manera más utilizada para difundir nuestro sistema de valores (1)

Si partimos de ese presupuesto pudiéramos afirmar que las cadenas de televisión hispana de USA (Univisión y Telemundo) no están utilizando formas actualizadas para difundir sus contenidos en sus horarios de "prime time" y no parece que estén haciendo nada para prevenirlo, aún arrastran pautas establecidas durante su etapa de lanzamiento (1950). Siete décadas es demasiado tiempo para repetir los temas con el mismo enfoque que tenía en sus etapas iniciales, olvidando incorporar a sus contenidos los eventos que han sacudido al ser humano. No digo que dichas fórmulas se mantengan intactas, sí afirmo que su adecuación a los nuevos tiempos es lenta e incompleta, en algunas ocasiones por ignorancia, otras por comodidad y muchas por conservar intereses creados.

Gracias a los avances en las ciencias astronómicas tenemos evidencia de la gestación del planeta, la geología comprueba la verdadera edad de la tierra, el

Carbono 14 destruye mitos que servían de soporte a ideas teológicas y gracias a la aplicación de técnicas del ADN comprobamos quiénes fueron nuestros ancestros. La evolución del pensamiento humano es palpable, el IQ promedio de los años 50 era de 70 puntos, el promedio actual es de 130 IQ, (2) la tecnología avanza de una manera exponencial y precisamente los medios son los encargados de difundir todos los avances científicos que modifican muchas áreas del comportamiento e inevitablemente influyen en las relaciones humanas. Es un error ignorar la repercusión de esos avances en la dramaturgia contemporánea e imposible no considerar su impacto a la hora de contar historias y construir personajes.

Tales avances científicos conforman una nueva interpretación de temas y ángulos que habitualmente consumíamos de otra manera. Al construir el personaje de un sacerdote no podemos olvidar el derribo de los mitos que los sustentan, las últimas noticias los muestran como seres humanos con iguales vicios que virtudes; los adivinos pierden terreno, los nuevos hechiceros son cada día más cuestionados, los prejuicios raciales han perdido intensidad, está muy generalizada la unión entre personas del mismo sexo y se continua separando la moral del sexo, estableciéndolo como una necesidad biológica.

Actualmente es errático presentar un sacerdote con conexiones divinas, cuestionar una madre soltera, protagonizar un conflicto basado en diferencias raciales o caricaturizar un gay buscando la burla o la subestimación y más errático validar conductas paranormales sin evidencias sustentables, utilizadas por mercenarios de la ciencia con propósitos económicos. Anteriormente esa manera de presentarlos era normal.

Una interpretación inadecuada de todos estos sucesos ha servido como telón de fondo a muchas de las historias contadas en la producción dramática de las cadenas y a la vez contaminan el resto de su programación de variedades. En tiempos recientes Univisión concluyó "La que no podía amar", después "La Madrastra", por estos días (Julio 2015) están transmitiendo "Que te perdone Dios"... Los titulos hablan por sí solos, abusan de la venganza y del "golpe de suerte" que convierte al pobre en rico y viceversa, personajes que pierden la memoria, exceso de situaciones hospitalarias, hablan solos o de espaldas a su interlocutor, abusan de arquetipos, personal de servicio uniformado, herencias escamoteadas, repiten frases hechas o lexicalizadas, sin sentido alguno, amores extremos y/o mal correspondidos, "malos" que se vanaglorian de serlo y "buenos" sin matices, que llevan hasta el extremo las actitudes de sus personajes presionados por la historia que cuentan, lo que también provoca actuaciones desastrosas.

El uso y abuso de estos temas, sumados a formas muy saturadas, nos dan la sensación de haberlas visto antes. Con otro enfoque, con esa misma inversión de recursos y talentos pudieran lograrse mejores resultados.

Para realizar comedias de situaciones de tres cámaras repiten formatos agotados, les falta ingenio, es muy difícil sorprender con una nueva historia, casi siempre después del primer bocadillo intuimos el desenlace, lo que fuerza demasiado a escritores y actores que, para compensar, recurren a la morcilla (3), forzándolas en desatinos poco creíbles y agotándolas como recurso escénico. Como agravante al estilo de sitcom tradicional, no se interesan en crear situaciones que posibiliten la continuidad y que pudieran ser hilarantes por sí mismas. Dependen únicamente de agrandar chistes para convertirlos en sketchs, haciendo cada día más difícil construir un "punch line".

En los shows matutinos mezclan noticias curiosas, con asuntos de interés comunitario, sucesos cotidianos, temas de farándula, salud, meteorología y segmentos de cocina que le ofrecen al televidente una oportunidad de **vincularse a la realidad**, pero también es cierto que exageran efectos en situaciones poco risibles y actuaciones poco creíbles, presentando asuntos de farándula con una frivolidad extrema, agravados por el uso de maquillajes, vestuario y calzados que contradicen el horario matutino y la naturalidad que debieran mostrar.

En horarios diurnos logran "conectarse" con el público porque presentan casos donde utilizan "actores" simulando ser personas "reales" (4) aunque cada día pierden más credibilidad, por la construcción de situaciones irracionales. En otros formatos ("Primer impacto", "Suelta la sopa", "El Gordo y la Flaca") mezclan asuntos de interés con un componente razonable de temas vinculados a las noticias y la dramatización de sucesos posibles. Esa mezcla de **telerrealidad** logra buenos resultados, pero ninguno ha podido ser catapultado hacia horarios estelares, porque su concepción inicial no tenía esa finalidad, faltándole todos los ingredientes que definen al espectáculo.

La utilización de telenovelas como columna vertebral de la programación "Prime Time" no es la única opción posible. En el mundo existen otras alternativas fiables. En USA las cadenas norteamericanas NBC, ABC y CBS representan los intereses conservadores de su audiencia en el horario "Prime Time" y nunca han dependido del melodrama de una manera absoluta.

En su programación presentan dramatizaciones por temporadas cortas (series) donde presentan contenidos construidos con formas adecuadas al gusto contemporáneo y shows híbridos con una gran carga de reality que mezclan contenidos aspiraciones con elementos de telerrealidad, confirmando este híbrido como una tendencia aceptable.

Ante una caída evidente de los índices de audiencia, por los argumentos antes expuestos y un auge indetenible de Internet y de la "Televisión a la carta" tienen una disyuntiva: sus formatos entran en una nueva dinámica de producción (series) telerrealidad, híbridos...o se fragmentan en canales locales.

Contenidos

Para entender la gran importancia de los contenidos para obtener ratings, hablemos de algunos shows que lograron índices de audiencia espectaculares gracias a que escogieron los temas adecuados en el momento adecuado. Para poder sustentar esta hipótesis hagamos un breve análisis de éxitos conocidos de algunos shows hispanos.

"Qué pasa USA" (5) con sólo 39 capítulos fue una serie exitosísima. Su éxito fue porque los espectadores de la época estaban sintiendo los mismos sucesos que proponían los creadores de la serie e interpretados por actores con situaciones muy similares, porque tanto actores como creadores estaban intentando adaptarse a una nueva vida y así lo expusieron en pantalla, lo que les permitió **coincidir** con el "punto de vista" de los televidentes y reafirmarles su *Sentido de la Vida*. Este show estaba realizado de una manera convencional, nada excepcional en cuanto a estilo, decorados aceptables, un buen libreto, una dirección de actores coherente, una producción standard dentro de un formato de sitcom y un buen elenco.

Sus talentos y sus creadores (Santeiro, Bahamonde y Lechowick) a lo largo de sus carreras nunca más lograron producir un evento de tal magnitud, lo que demuestra que el éxito alcanzado no fue debido a genios individuales, su "genialidad" fue porque escogieron el tema adecuado en el momento oportuno, porque coincidía con el *Sentido de la Vida* de sus televidentes.

Con formatos similares y mucho más recursos se han "armado" algunos shows que no han tenido el mismo éxito, porque no han reflejado el "sentido de la vida" de su audiencia en el momento de su emisión.

"El Mikimbin de Miami" (6) fue otro éxito indiscutible de la televisión local y del que puedo dar opiniones. El análisis es muy similar, la unica diferencia con "Qué pasa USA" fue que se sustituyeron las formulas del llamado *"sitcom"* por la sátira política dentro de un show de variedades, un buen casting, excelentes actores, una producción standard, decorados funcionales y unos libretos más oportunos que ingeniosos, pero que dirigidos hacia los intereses de sus televidentes hicieron la diferencia, porque coincidían y reafirmaban las opiniones de su audiencia (cubanos emigrados).

Al público de ese momento le interesaba desenmascarar a personeros del régimen socialista, ver a un "Fidel babeante", disfrutar desde la distancia la imagen del desastre que mostrábamos en pantalla, sentían una sensación de justicia (¿divina?). "El imparcial", "Candilejas", "Al duro y sin careta", "Factoría Mikimbin" o "María Cuerofino" tenían un mismo enfoque con diferente formato. Para los emigrados (televidentes) era (¿es?) muy importante la política, pues por causa de la política tuvieron que emigrar.

Necesitaban ratificar que su **elección de vida** fue correcta al llevar a sus familias al destierro y verificar que hicieron bien al emigrar. Eso lo encontraron en "El Mikimbin" y ése fue su éxito de audiencia. "El Mikimbin" les permitió a los televidentes de la época reafirmar sus puntos de vista y su *Sentido de la Vida*, querian la confirmación y la verificacion de que tomaron las decisiones adecuadas en el momento oportuno.

Si hoy volviéramos a incursionar en el mismo tema, habría que cambiar el ángulo, actualmente lo que produce Fidel es lástima, volver a mostrarlo en esas condiciones puede ser contraproducente, ha cambiado la interpretación del suceso, la transición de poderes no fue épica, el tema ha mutado.

En los ejemplos anteriores pudimos aceptar como una hipótesis razonable que los resultados de audiencia fueron porque ambos shows presentaron un contenido adecuado al *Sentido de la Vida, como diría Ayn Rand (7)* "La aceptación o el rechazo de una obra depende de si concuerda o si se opone, confirma o contradice, la manera que funciona su mente"

Si el show que presentamos coincide con los puntos de vista del televidente logramos audiencia, mientras no encuentre ofertas de la competencia con las que pueda identificarse. Por tanto, nuestro éxito depende en gran medida, de la interpretación de la realidad circundante en los momentos de la puesta en escena y de nuestra capacidad para representarla.

El ángulo adecuado

Si importante es elegir el contenido, lo es también escoger el ángulo adecuado para lograr que nuestros puntos de la vista **coincidan** con la interpretación que tienen los televidentes sobre los sucesos que están afectando sus vidas.

Con determinada frecuencia y diferentes especificaciones, los sucesos tienen ciclos repetitivos. El reto para los shows de variedades radica en encontrar el ángulo adecuado para presentarlos, lo que a veces resulta difícil, sobre todo cuando el suceso representado ha tenido mucha exposición, pero si lo buscamos utilizando el "brainstorm" (8) seguramente aparece.

Muchas veces he hecho un experimento doméstico que me resulta fácil de realizar, pues lo hago en mi casa porque conozco las opiniones referentes al *Sentido de la Vida* de mis familiares más cercanos y de todo aquel que me visita. En varias ocasiones todos juntos hemos estado viendo algún espectáculo frente al TV. Cada vez que hay alguna escena fuerte, mi esposa, de manera inconsciente, encuentra el motivo para levantarse e ir al baño, hacer alguna gestión doméstica, comer algo o escurrir la mirada. Similar actitud tienen mis hijos cuando está perdiendo su equipo de basketball preferido o sencillamente el tema no les interesa y se levantan de inmediato. Si estuvieran solos, cambiarían el canal porque concluyen que no les gusta lo que están viendo, porque no los representa.

Mi percepción no cuenta, yo estoy muy confundido, no sé qué me gusta, mientras todos se divierten yo invierto mi tiempo en analizar las causas detrás del suceso y en querer descubrir lo que funciona, son gajes del oficio.

Si quisiera conservar esos tres televidentes, no les pondría escenas demasiado fuertes y haría que siempre ganara el mismo equipo de basketball. La existencia del mando a distancia los hace ser más susceptibles que nunca antes. Una palabra mal colocada, una referencia innecesaria, una evocación inoportuna, bastan para que el televidente, sin levantarse de su asiento, sin siquiera pensar, sólo con su dedo índice, cambie de canal. Hay que ser cuidadoso en extremo, ahora es más fácil que nunca sustituirnos por otra opción.

Las Formas.

Por los análisis precedentes en esta publicación pudiéramos afirmar que para lograr la conexión con el público lo primero es elegir un buen **Contenido,** lo segundo tener la perspicacia para contarlo desde el **Angulo** adecuado y como tercer paso habría que agregarle la utilización oportuna de la **Forma** (manera) pero lo más común es que ese proceso se realice a la inversa, muchos productores primero eligen las Formas, después los Conductores y por último los Contenidos (?)

Si seguimos el proceso de producción de una manera ordenada se reduce el margen de error, porque tanto los Contenidos, como el Angulo pueden ser conceptos palpables gracias al uso de la información, las estadísticas, la lógica y la razón, mientras que las Formas dependen de la intuición, la perspicacia y la sensibilidad que son atributos muy personales e inexactos.

Los Contenidos y el Angulo elegido deben garantizar el 65% del éxito y el 35% restante dejárselo a las Formas, porque son volubles y muy poco confiables, sin contar que en muchas ocasiones los gustos de los realizadores no coinciden con los gustos de las mayorías y sus preferencias estéticas son contraproducentes.

Para construir un decorado debes escoger los colores que según tus gustos estén de moda, debes elegir la sonoridad que piensas pudiera ser atractiva, el casting que te parece adecuado, debes "romper esquemas" en el momento oportuno y mantenerlos cuando opines lo contrario, teniendo como agravante que la evolución del gusto popular es constante, casi imperceptible y cambia de apariencias con mucha facilidad, lo que impone una revisión permanente con mucho margen de error.

A pesar de ser poco confiable esta parte del proceso de realización es lo que más disfrutan muchos realizadores, porque se sienten más protegidos al navegar por terrenos muy subjetivos donde no tienen que presentar argumentos que respalden sus decisiones. Licencias "artísticas".

Debo admitir que algunos Shows de TV han sido muy meritorios al utilizar Formas muy novedosas, pero hasta que no consiguen alinearse al Contenido adecuado no pueden trascender. La Forma no es un fin en sí mismo, es el medio para contar una historia. Hay pianistas que adquieren una técnica brillante, mediante la práctica del ejercicio de sus dedos, pero nunca pueden dar un concierto.

Televisión Local

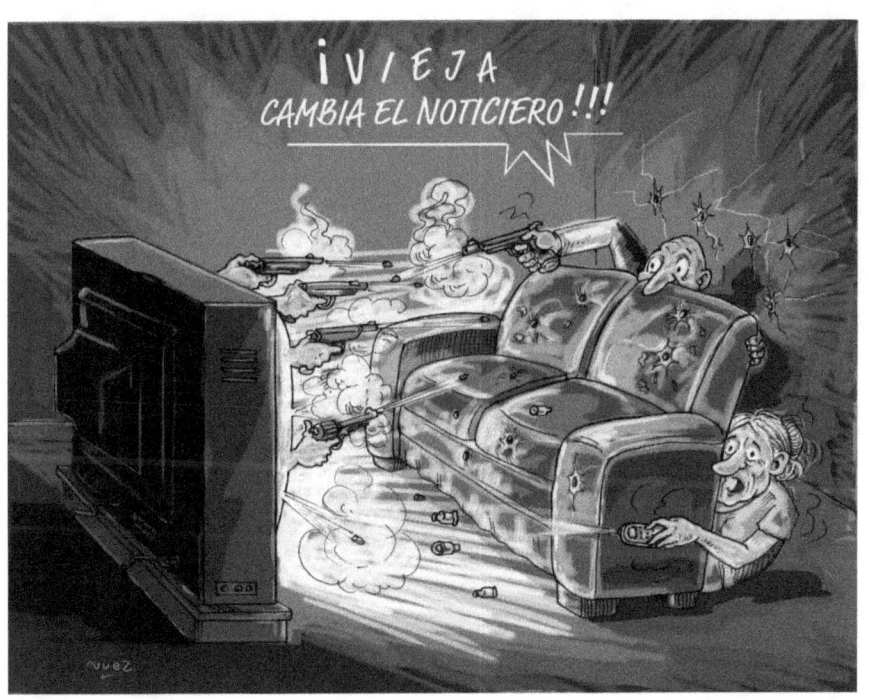

Televisión local

Las "brechas" de las cadenas hispanas a inicios del 2000 alentaron una nueva oleada de inversionistas que han incursionado en proyectos de televisión local en Miami utilizando la nostalgia de sus países de origen, probando con producciones latinoamericanas de calidad, contraprogramando con una gran variedad de shows de opinión y construyendo shows de variedades conducidos por talentos locales para "recrear" las noticias del día. Pero todas esas estrategias no han podido quitarle la audiencia a las cadenas, que parecen estar "congeladas en el tiempo", pero todavía conservan su liderazgo.

La televisión local de Miami se edificó repitiendo formatos diarios para abaratar costos de talento, decorados y producción, utilizando los espacios noticiosos y los shows de opinión como columna vertebral, pues en Miami conviven diversas nacionalidades que aún mantienen la conexión con sus países de origen y los espacios noticiosos les importan. La meteorología, los hechos policiales urbanos y el resto de los sucesos con sabor comunitario hacen la diferencia, haciéndolos inalcanzables para una cadena nacional, lo que de hecho implica una oportunidad que no aprovechan lo suficiente.

En Miami, America TeVe comenzó esta ardua tarea a finales de los 90 y ha logrado mantenerse como el líder indiscutible de la televisión local. La siguió Televisión Cubana, que al poco tiempo fracasó, después Mega TV en todas sus etapas y desaciertos, más tarde Cubana de Televisión (de Miami) y últimamente Fox TV Canal 8, culminando con Mira TV, que al día de hoy está en caída libre.

En muchos casos duplicaron formatos creados por las cadenas hace más de 50 años sin la inevitable actualización, haciendo "copias de copias", en la realización de algunos contenidos hasta convertirlos en caricaturas y esa interpretación ha sido la gran responsable de algunos fracasos en las áreas de programación, porque ninguno ha logrado encontrar una "línea estética" diferente.

Elegir cual show deben transmitir las cadenas hispanas requiere de muchos niveles de aprobación (económicos, éticos, estéticos) que de hecho terminan convirtiéndose en "filtros" para evitar decisiones unilaterales. Esa estructura es un lastre que evita reacciones rápidas, pero es un garante de que las decisiones importantes sean "colegiadas", esa es su debilidad pero al mismo tiempo su fortaleza.

Las televisoras locales apenas realizan trámites burocráticos para decidir qué show deben poner en pantalla, lo que les permite reaccionar rapidamente en busca de respuestas estéticas en el menor tiempo posible, pero en muchas ocasiones pierden esa ventaja.

Que una sola persona decida qué talentos escoger, con cuáles productores producir y cuánto presupuesto se puede utilizar, indudablemente define una línea estética, que depende absolutamente de los gustos, experiencias profesionales (¿televisivas?) de los conceptos éticos, políticos, morales, religiosos y filosóficos del dueño y del programador.

Si podemos afirmar que la responsabilidad del éxito o del fracaso de cada show depende del productor ejecutivo que los produce, también podemos afirmar que el éxito o fracaso de un canal depende de las decisiones tomadas por su programador. Suponiendo que sea un genio y que su "conexión" con el público le garanticen el 70% de la audiencia disponible, aún le queda por conquistar el 30% restante que seguramente disfruta de otras tendencias por asuntos de género, culturales o de nacionalidad.

Los dueños están arriesgando su capital, eligen programadores que por sus vivencias y oficio se sienten capacitados para construir una "parrilla" (9) exitosa, pero solo tienen su intuición, el censo de población más actualizado y la posibilidad de realizar "focus group" con un margen de error bastante elevado.

Apartar a cualquier programador de su línea estética es casi imposible, con el agravante de que en muchas ocasiones mezclan asuntos personales con asuntos comerciales (?), no quieren poner en riesgo la opción del veto porque pierden autoridad. Es natural, son seres humanos que como todos tienen preferencias por afinidad y pueden hacerlo porque las estructuras locales no tienen un sistema de aprobación de contenidos que les funcione como "filtros" como lo tienen las cadenas, ni un presupuesto para realizar esa función, ni creen necesitarlo. La situación es compleja.

Para discutir ideas de posibles shows y eventos para la televisión en Cuba, a falta de "focus group", estadísticas específicas y confiables, a mediados de los 80 la presidencia del ICRT (10) constituyó un pequeño grupo integrado por tres miembros (rotativos) a los que llamó "Comisión de Oposición" que, como "abogados del diablo", deberían encontrar las grietas en el proyecto propuesto y oponerse con todos los argumentos críticos posibles, con la condición de que sus opiniones debían ser únicamente artísticas, sin presencia administrativa, sin recomendaciones, ni capacidad de veto, solo asediados por tabaco y tazas de café, con la finalidad de proporcionarle argumentos a los realizadores que les permitieran reafirmar o cambiar sus puntos de vista. Fueron reuniones productivas, que le daban una idea al realizador de como pudiera reaccionar la crítica especializada y la posible impresión del televidente. En una ocasión fui cuestionado por esas comisiones, en otras participé como parte de ellas; desde todo punto de vista me resultó muy útil.

Con el ánimo de analizar, sin intenciones de criticar, debo hacer referencia a algunos sucesos ocurridos en la televisión local de Miami desde inicios del año 2000 que pudieran ser elocuentes

Mega TV, Canal 22, inició transmisiones en el 2006 y hasta el presente sigue con el mismo dueño, pero ha cambiado a los directores ejecutivos de programación en seis ocasiones. Nunca pudieron construir una estructura informativa que les sirviera como "columna vertebral" para garantizar la audiencia por inmediatez, lo que provocaba una estampida fuerte de televidentes siempre que ocurrían noticias regulares o importantes. Entonces eligieron los shows de variedades como columna vertebral, lo que tampoco aportó resultados estables.

La línea estética escogida no les dio buen resultado. A una ejecutiva de programación le escuché decir "*...vamos a construir una televisión que no se dirija a Hialeah*", otro programador lanzaba diatribas contra la "chusmería", una posterior quiso "teñir" toda la programación tomando como referencia los éxitos alcanzados en su única experiencia televisiva, sin considerar horarios, y también fracasó, la que actualmente está funcionando como programadora prioriza los decorados, que califica de "modernos", por encima de los contenidos para esconder su mediocridad...

Estos criterios definen tendencias que aún afectan su programación. En tiempos actuales no tienen ninguna estrategia, la confirmación de su fracaso radica en el reciente anuncio de su traslado hacia Puerto Rico, donde van a probar "suerte", porque en Miami no consiguieron una audiencia estable.

No voy a querer evaluar decisiones desde la distancia, pues seguro me falta información y deben existir muchas razones paralelas o demasiados pretextos, pero si durante diez años no lograron estabilizar una audiencia razonable, seguramente han cometido errores importantes de programación. Por supuesto que durante estos 10 años Mega TV y Mira TV han tenido etapas acertadas, repletas de los contenidos adecuados, como tampoco puede decirse que la competencia más estable (América TV) no haya tenido errores importantes.

Cubana de Televisión (Miami) merece un análisis independiente. Comenzó labores a finales de la década de los 90 y transmitió sus producciones de manera intermitente hasta mediados del 2014, invirtiendo grandes recursos y mucho talento local, pero nunca consiguió suficiente audiencia, su estrategia estaba equivocada.

Cubana de Televisión (Miami) apostó a la nostalgia, su dueño quedó enamorado de la televisión desde que era un niño, los éxitos de su padre como actor humorístico lo convencieron de que su profesión futura sería en el mundo televisivo y en cuanto tuvo el músculo económico dedicó todos sus esfuerzos a construirse un canal donde pudiera exponer sus dotes artísticas y obtener utilidades.

Como estrategia principal apeló a la nostalgia, la misma que a él lo obsesionaba desde muy joven. Le parecía que los televidentes de Miami debían sentirse igual, los habitantes de Miami habían emigrado de su país natal por decisiones similares a las suyas, trayendo a cuestas sus vivencias, sus ídolos artísticos y su cultura, los emigrados residentes en el sur de la Florida seguramente tenían sus mismas motivaciones, una programación que reuniera esas características no podía fallar.

El 10 de noviembre del 2012 me tomé la libertad de enviarle un correo, del que reproduzco algunos segmentos:

"Sr... he visto la publicidad que alerta de su próxima salida "al aire" y créame que me gustaría tuviera todo el éxito posible, eso me motiva para hacerle algunos comentarios llenos de la mejor intención y sin ninguna agenda, pues no ando en busca de oportunidades, ni trabajo, pues gracias a mis resultados de los últimos tiempos tengo suficiente garantía laboral.

Un fracaso particular en el área televisiva nos afecta a todos, cuando los exitosos son pocos, pueden imponer las condiciones laborales, contractuales y económicas que más les convengan y eso conspira contra todos los televidentes y los que vivimos de ella.

La contradicción es la base del desarrollo, a mayor cantidad de canales exitosos más y mejores oportunidades de trabajo, no me sienta como "ave de mal agüero", sólo quiero hacerle algunos comentarios con la intención de que puedan servirle para algo.

Elegimos lo que nos guste dependiendo de nuestras vivencias, del tema que trate y de la manera que seamos capaces de presentarlo, elegimos el musical que contenga la música que podamos identificar, los noticieros en nuestro idioma, los actores (personajes) que quisiéramos ser y todo aquello que de alguna manera representa nuestro "sentido de la vida" por empatía y coincidencias.

Según el último censo en Miami, de manera estable, viven unos 863,000 cubanos, seguidos por tres grupos poblacionales cercanos a los 100,000 habitantes, provenientes de Nicaragua, Colombia y Puerto Rico.

Un 30% del total de los cubanos censados son producto de las oleadas de las décadas del 60 y los 70, muchos ya han perecido pues llegaron adultos y otros aprendieron inglés por lo que se sumaron a la cultura anglo, por eso no podemos considerarlos como posibles usuarios de la televisión hispana local.
Otro grupo importante (30%) llegó por el Mariel (hace 32 años) y muchos de ellos también han sido asimilados por la cultura anglo.

La audiencia que actualmente está disponible para las televisoras locales de Miami está conformado por las migraciones cubanas que se incrementan constantemente desde finales de los 90 hasta los momentos actuales, aún no hablan inglés, tienen familia en la isla, se mantienen atentos a los sucesos que ocurren dentro de Cuba (noticias) y disfrutan de representaciones artísticas que reflejen su "Sentido de la vida" en su idioma primario, su cultura, sus temas, preocupaciones, política, motivaciones, éticas, morales, religiosas, costumbres, música, bailes, con un nivel medio de educación, y asumiendo actitudes anticastristas (¿republicanas (?) y con las formas que estén de moda, preferiblemente utilizadas por los artistas y realizadores que hayan sido parte de sus "oleadas migratorias".

Por los argumentos antes expuestos y pensando que éste es un medio masivo de difusión es que le no le veo oportunidad a repetir shows que fueron exitosos hace 40 o 50 años. Las condiciones que permitieron su éxito en esas fechas, ya no son las mismas, el público que disfrutó "Enrique de Lagardere" y los grandes musicales estilo "Cabaret Regalías" cambió o ya no está disponible.

Los televidentes actuales no pueden hacer "anclaje" con esos contenidos, porque aún no estaban nacidos, no forman parte de sus vivencias, habría que comenzar por explicarles que esos shows fueron muy importantes en la vida de sus abuelos y ese argumento temo produzca el efecto contrario. Pero si por un milagro social lograran obtener audiencia (ratings) únicamente conseguiría como televidentes a personas mayores de 54 años y esos índices demográficos no tienen buen precio en el mercado de los avisos comerciales".

Escogí terminar este análisis con el ejemplo de Cubana de Televisión (Miami) porque su dueño fue también su programador y como tal utilizó su experiencia y sus vivencias para construir una programación adecuada a sus puntos de vista, lo que facilita observar el suceso de una manera muy nítida.

Mi correo no tuvo respuesta, el dueño actuó como es habitual en cualquier directivo de programación: *"la línea estética es incuestionable"*. Se evitó la crítica incómoda que provoca cualquier proceso dialéctico, sus opiniones estéticas (tesis) no tenían oposición (antítesis) que le facilitara llegar a una síntesis para darle más valor a su producto. Así conformó dentro de su canal varios shows con estructuras similares, resultados de una misma cabeza y un mismo nivel de aprobación. Pero no exageremos, esta actitud no es exclusiva de los programadores, todos los seres humanos tenemos como característica esencial el *"sesgo de confirmación"* (11) que utilizamos para favorecer de una manera selectiva cualquier información que ratifique nuestras hipótesis, ignorando cualquier alternativa que pueda contradecirnos, en lugar de buscar pruebas relevantes que faciliten la superación.

Me consta que varias personas le dieron opiniones similares a las mías y terminó prescindiendo de sus servicios. Con esa actitud logró consolidar a su alrededor una corte de seguidores que apoyaban sus decisiones estéticas con lealtades engañosas, actitud detestable que no puedo criticar, porque tenían el objetivo de mantener su empleo y es lo más razonable cuando se tiene en juego al sustento de la familia.

Cubana de Televisión tenía buenas intenciones, ayudó a muchos técnicos y artistas leales a sus ideas, perdió un gran capital obtenido con mucha saña y esfuerzo en otros lares y la televisión local perdió otra oportunidad. Pero no lo juzguemos mal, ésa parece ser una constante en la actitud asumida por la mayoría de los programadores, por estar convencidos de que sus "formulas" son la únicas capaces de lograr buenos resultados y terminan contradiciendo a quien debían apoyar, olvidando que en esta ecuación su rol no es el de realizador, sino de dueño y/o programador ¿serán gajes del oficio?

Gajes del oficio

El "vidrio" enloquece, así se dice del efecto que provoca en la psiquis las apariciones por televisión. Mientras más exposición se tenga, más devastador será su efecto, por supuesto dependiendo de la frecuencia y de la personalidad del individuo, pero nadie escapa.

He conocido personas que han aparecido en las pantallas en sólo una ocasión y lo cuentan repetidamente como si hubiera sido el suceso más importante de sus vidas. Alguien los reconoció en su andar y fue tan gratificante que quieren interpretarlo como confirmación de su éxito y de su "talento"

Un público ocasional les hace reverencias y genuflexiones en plena calle, corren para verlos, les piden autógrafos, les crean "clubes de fan", las revistas del corazón difunden sus comentarios sobre cualquier tema, sus vidas privadas dejan de serlo y multitudes corean sus nombres en apariciones públicas. Así cualquiera se confunde, "pónganse en sus zapatos" sólo por un día.

Para algunas personas puede ser devastador, piensan que ese reconocimiento será eterno y no saben que pronto puede desaparecer, olvidan que su incursión en la vida de los televidentes fue casual y no dejó huellas, porque no están vinculadas a vivencias, con buena suerte quedan algunos recuerdos emocionales, pero nada más, por eso se dice que los televidentes tienen "poca memoria".

Durante mucho tiempo pude iniciar labores con muchos actores y animadores jóvenes que han llegado a convertirse en verdaderos ídolos de multitudes.

En sus inicios eran jóvenes sencillos, con muchos sueños, talento y aspiraciones, muchos de ellos triunfaron, pero el cambio les afectó su personalidad y algunos no entendieron lo sucedido, a todos se les modificó la conducta, pero ninguno lo admite y siempre encontrarán un pretexto para justificar sus actitudes.

Ser reconocidos por los televidentes en lugares ajenos al escenario es la mayor convicción de su talento e invencibilidad. Comienzan a distanciarse de sus colegas iniciales, a tomar decisiones independientes y subestimar las correcciones emanadas por el equipo de producción, como un boxeador que en pleno combate no escucha las voces de su esquina.

Es muy difícil abstraerse del halago, del reconocimiento popular y del poder que implica la popularidad. Enfermedades profesionales matan a linotipistas por tener alto contenido de plomo en la sangre, hacen que los mineros pierdan la visión y que los artistas reconocidos aumenten sus egos, es natural.

Para enmascarar sus actitudes utilizan el argot en proporciones poco habituales y comienzan a construir a su alrededor un grupo de acólitos que no escatiman halagos, escuchando únicamente consejos que respaldan sus actitudes. Los que en su "momento" los rodeamos, nos percatamos del suceso pero no podemos hacer nada para aliviarlos, porque cierran la comunicación y se aíslan, pensando que hacen lo adecuado.

Porque concurren muchos elemento de índole subjetiva la televisión tiene un margen de error muy alto y esa condición permite a los neófitos dar opiniones que le gusta escuchar a los talentos, un director profesional se prepara académicamente y verifica constantemente sus decisiones utilizando el método de "prueba y error" en los shows que anteriormente produjo, así puede ofrecer consejos confiables, pero cuando ya los protagonistas se consideran exitosos, no les gusta escuchar críticas, prefieren elogios.

Los protagonistas siempre son personas muy inseguras, piensan que el show resultó exitoso gracias a su talento, pero si por cualquier razón se termina el show y pierden la popularidad que venían disfrutando, caen en depresión. Habían logrado las prioridades sociales que tanto habían ansiado, encausaron las frustraciones acumuladas durante años en espera de un reconocimiento social, pero no pueden explicarle a sus sentidos esa extraña sensación, están confundidos y acuden a los ansiolíticos para evadir una realidad que no alcanzan a comprender.

He participado en shows exitosos que sucumbieron antes de tiempo debido al ego desmedido de sus protagonistas. Qué paradoja que el éxito pueda equivaler al desastre.

Hay una prueba sencilla que puede demostrar si efectivamente son víctimas de un ataque de egos o durante el trayecto adquirieron el oficio que creen tener, se llama **tiempo**. Si en producciones futuras logran conquistar éxitos similares a los que lograron en sus mejores momentos: confirmado, se les puede considerar como realizadores, si sucede lo contrario, sólo era un ataque normal de egos.

También es justo aclarar que los protagonistas cargan muchas culpas ajenas, ellos son la principal "herramienta" de un show, pero no son las esenciales.

Si lo que garantizan los ratings es la selección de los Contenidos, escoger el ángulo adecuado y presentarlo en la forma oportuna y esas decisiones **no dependen del Conductor**, es injusto responsabilizarlos con el éxito o el fracaso del show y de los ratings, por eso es injusto juzgarlos atribuyéndoles poderes que no tienen, sin embargo muchos ejecutivos y gran parte del público los responsabiliza del éxito o del fracaso de una manera equivocada.

Por el contrario, son víctimas de decisiones erróneas de los realizadores que pueden afectar grandemente la percepción que el público pueda tener de sus talentos individuales y de su desempeño.

Conductores y Variedades

Los shows de variedades arrastran formas saturadas por una repetición extrema y aunque su envejecimiento es casi imperceptible comparado con las producciones dramatizadas de las cadenas hispanas, también es importante considerarlo.

La mayoría de las entrevistas que se realizan a invitados no mantienen el interés, por lo que pierden su objetivo, dependen de la información que necesite divulgar el entrevistado, son esquemáticas, carecen de sinceridad, exageran los méritos, con adjetivos calificativos evidentemente falsos, exceso de felicitaciones e "intercambio" de agradecimientos, porque *"nos hacen el favor de venir a nuestro show"* más el desgastado chiste acerca de la edad del entrevistado y el gran sacrificio que constituye ser artista (¿?).

Esa manera de construir entrevistas está saturada. Llegan al extremo de "robarle" formatos a las revistas del corazón poco adaptables para la televisión, malgastando hasta diez minutos en asuntos superficiales que no permiten conocer más al entrevistado ni llegar a conclusiones que nos mantengan aferrados al asiento.

Color preferido, contradicciones de género, signos zodiacales, ¿si volvieras a nacer que quisieras ser? Tonterías políticamente correctas, poco novedosas, realizadas con muy poca naturalidad, que no consiguen suficiente información, ni crean las expectativas necesarias.

En muchos años de trabajo "armando" entrevistas con diversos conductores logré acumular muchos aciertos, errores y experiencias que nos involucraban a todos y resulta interesante descubrir los factores comunes en todas ellas.

¿Cómo fueron tus inicios? es una pregunta demasiado habitual y denota la inexperiencia del entrevistador. Seguramente en otros momentos al mismo invitado le han hecho preguntas muy similares, respondidas exagerando situaciones falsas o sacándolas de contexto. (*"Comencé mi carrera artística a los 3 años"*). Esta pregunta sólo puede captar interés cuando el artista o la situación son novedosas, se le hace a invitados nuevos o está vinculada a algún tema del show que más adelante vamos a tratar.

¿Qué estás haciendo ahora? y ¿Cuáles son tus planes futuros? son preguntas muy difíciles de evadir, pues la promoción es una forma de pago, las respuestas son vagas o engañosas y el televidente no les presta atención. Pero es la oportunidad perfecta para que el conductor pueda lucir sus dotes, es el momento donde puede consolidar una personalidad que le permita mostrarse ante el público como un ser humano que se involucra en temas ajenos, siente, padece, es sensible, ríspido, simpático, ocurrente, agudo o ingenioso, según lo permitan las circunstancias, utilizando una mezcla adecuada de sinceridad y capacidad de improvisación.

El conductor debe "editorializar" cada vez que tenga la oportunidad de exponer sus puntos de vista, sin aprovechar situaciones de manera "oportunista" o exagerando situaciones sensibleras y puede transgredir sin ser gráfico, porque puede sentirse vulgar.

No puede ser complaciente, debe ser claro, transgresor, sin vulgaridades, debe hacer la pregunta incómoda aunque sea "políticamente incorrecta" y ser capaz de construir una situación extrema (mientras más grande, mejor) que debe sentirse como real, posible y probable, siempre que no se considere abusiva con el entrevistado.

Hay que ser directo, agudo, ingenioso, cuestionar, presentar información novedosa, asumir actitudes, nunca mentir, no atribuir adjetivos calificativos que la imagen niegue, si el entrevistado es evidentemente feo, no puede decir que es bonito, si por asuntos estratégicos debemos halagarlo, siempre hay algo meritorio que se pueda subrayar (como le queda la ropa, sus ojos, actitudes anteriores).

No deben exagerar elogios (eres muy bueno, gracias por venir) ni anunciar "sorpresas" que pueden ser falsas, previsibles o esperadas, porque cuando realmente necesiten sorprender para mantener la audiencia ya se gastaron el verbo y nadie va a creerlo, ni utilizar "frases hechas" que por su uso extremo han perdido su intención original, mucho menos en la "venta de contenidos" de los shows de variedades, ese es un momento demasiado importante para arriesgarse utilizando frases lexicalizadas.

¡Éste es un show que usted no puede perder...es único...grábelo!

El televidente "edita" y subraya frases dichas por el animador a lo largo de todas sus intervenciones en pantalla y con la suma de esos conceptos le hace un perfil sicológico del que dependen su aceptación y sus contratos. No puede validar tonterías, debe eliminar chistes manidos. Si el televidente tiene alguna duda, el conductor debe interpretarla y hacer la pregunta adecuada desarrollando un sentido de "ubicuidad" que lo ponga en los "zapatos" del televidente para poder hacer la pregunta oportuna.

Si la respuesta obtenida del entrevistado abre una nueva perspectiva, hay que cambiar el plan preparatorio que tenía elaborado con anterioridad y reformularlo todo, por eso deben **escuchar** las respuestas con mucha atención, para no hacer "sobre-preguntas" sin escuchar, que es un mal muy común.

La ironía y el sarcasmo se logran exagerando atributos, son "herramientas" que permiten alabar sin comprometer la credibilidad, un uso adecuado permite "suavizar" respuestas inevitables, exponer un sub-texto que todos conocen, que dicho de una manera directa pudiera ofender. Una fórmula que siempre funciona para encontrar la ironía es buscar la contradicción dentro de una misma idea, afirmar y de inmediato negar o negar y de inmediato afirmar

!Es elegante llegar tarde...hasta que te boten!
!Es bueno que te boten...lo malo es que no te permitan regresar!

En muchas ocasiones, forzados por la producción, muchos presentadores muestran una alegria no justificada en escena, bailando, cantando y gritando sin haber creado una situación que justifique tales actitudes, llegando hasta el ridículo.

Cada día que pasa la evolución de las ciencias da menos confiabilidad y credibilidad a los adivinos que dicen tener conexiones espirituales con el "más alla". Todos tenemos permanentemente a nuestra disposición una cámara digital para ofrecer evidencias de posibles sucesos paranormales que nadie ha podido documentar y equipamiento de alta tecnología que pudieran utilizar especialistas confiables para presentar evidencias, nadie lo ha logrado.

Un tribunal de especialistas (12) esperó durante 25 años por cualquier persona o grupo de personas capaces de presentar pruebas de algún suceso paranormal para premiarlo con un millón de dólares, nadie lo logró, parece que no existen. Con tanta falta de evidencias, ¿Por qué ponemos a nuestros conductores a validar sucesos no confirmados? Así le restamos credibilidad.

No quiero profundizar en esos temas, pero sí quiero cuestionar segmentos habituales en shows de variedades que respaldan esos mitos, llegando incluso a producir shows completos que respaldan una incultura perjudicial al buen juicio y afectan la línea editorial de las televisoras que los transmiten, aunque como argumentos para justificar su emisión algunos programadores afirman que: *"al público le gusta"* (¿?). Pudiera ser, pero la responsabilidad social del comunicador está comprometida si valida esos mercenarios de la sociedad, que a largo plazo afectan seriamente a la televisora que los respalda y difunde.

No niego la utilización de "adivinos" dentro de cualquier show de variedades, siempre y cuando sirva para ridiculizarlos, diciéndoles públicamente que son unos mentirosos, para que este cuestionamiento funcione como parte de una etapa de transición, donde los medios se utilicen como un arma para descartar mitos.

La televisión local utiliza a personajes humorísticos y caricaturescos para "interrumpir" escenas y entrevistas con pretextos poco plausibles, repetitivos y previsibles, lo que obliga a los conductores a "hacerles el juego" en situaciones que deben validar. Eso los perjudica, haciéndolos **pasar por tontos** delante de la audiencia, para colmo ellos mismos al final aclaran: *"No nos crean, era sólo una broma"*.

He visto una alternativa muy efectiva cuando el conductor se ve en situaciones similares a la anterior: cambia su actitud en escena, deja de hacerse el "tonto" y comienza a ser el "cómplice" para hacer evidente lo absurdo de esa situación, arrastrando tras de sí a la audiencia, demostrando que se está "dejando engañar" y adoptando una actitud crítica frente al personaje que él mismo concibió (aceptó) y cuestionando públicamente las brechas existentes en la construcción de esos personajes, resaltando errores de producción o descubriendo sucesos ocurridos detrás de cámara.

He podido compartir trabajo con conductores exitosos, que han consolidado su oficio utilizando diferentes métodos según su formación, sus déficits y su personalidad. A algunos les escuché sus experiencias y aquí las cuento. Germán Pinelli (13) me comentaba que una de sus principales virtudes (vasto dominio del lenguaje) la había consolidado gracias a un hábito que tuvo en sus inicios, cuando se aficionó a releer un diccionario de sinónimos y antónimos para conciliar el sueño.

Otro animador, que conducía un show humorístico, se convirtió en coleccionista de chistes publicados en prensa plana para complementar sus labores de "pala y remate". Otro conductor, especializado en shows de opinión, repetía poemas buscando imágenes y podías preguntarle detalles sobre cualquier poema, que los sabía de memoria.

Otro conductor humorístico se aficionó a lecturas teóricas de difícil comprensión sobre estética y filosofía en busca de un pensamiento abstracto que le permitiera conceptualizar y según sus palabras *"pinchar su cerebro"*. Otro devoraba diariamente documentales de History Chanel y Youtube y releía prólogos de libros de ciencia para llenar sus lagunas en esa área y obtener el "barniz" necesario.

Los conductores a los que hago referencia ya habían sido exitosos, utilizaron estas estrategias para complementar sus déficits y balancear la inseguridad que **todos padecen**.

Algunos complementan su preparación construyendo un repertorio de ironías, muy útiles en la escena. Para ejercitarlo hilvanan ideas contradictorias en su mente "jugando" a detectar conceptos vs. ideas adversas mientras manejan su automóvil, sin importar que sean ideas "simplonas". Lo que buscan es crear hábito para encontrar respuestas irónicas y rápidas. Mientras más largo el viaje, mejores resultados obtienen.

Los conductores son los talentos más susceptibles de ser afectados por ataques de egos, es imprescindible rodearlos de personas que intelectualmente respeten, puede ser un director especializado o su representante que deben actuar como "coach" de manera permanente, encargado de cuidar y "construirle" un personaje basado en su personalidad, capacitado para **ocultar sus defectos y resaltar sus virtudes.**

Tendencias

Lo natural es que un gran cúmulo de ideas estén compitiendo constantemente entre sí para establecer sus puntos de vista, la televisión no está exenta de esos mecanismos evolutivos, nosotros como protagonistas del suceso debemos elegir cuidadosamente nuestra postura para sumarnos ya y aportar las mejores opiniones para ayudar a consolidar las tendencias y formatos que mejor nos representen.

Existe un estudio muy interesante realizado por Nielsen (1) que demuestra como el humor ha ido perdiendo importancia desde 1995 hasta el 2009, superado ampliamente en preferencias por el interés de "juzgar" mediante la utilización de contenidos irreverentes asociados a la telerrealidad. Este análisis puede ser muy importante para "tomar partido" a la hora de elegir tendencias.

Otras opiniones interesantes son las que recomiendan no subestimar la inteligencia de los televidentes y proponen realizar contenidos más agudos, que no tomen como referencia únicamente su nivel escolar, sino su nivel intelectual.

La evolución cognitiva del ser humano (2) permite realizar contenidos para mayores grupos poblacionales sin poner en riesgo el entendimiento de las mayorías, debido al tenaz bombardeo de los medios alternativos que constantemente incrementan el nivel intelectual de nuestros televidentes. Esa tendencia (14) tiene poco volumen de producción (¿$?) comparado con los altos volúmenes de emisión del resto de la programación, lo que hace muy difícil que lleguen a convertirse en una tendencia estable, pero hay que observarla de cerca.

La "televisión a la carta" cada día es más fuerte, Netflix y On Demand muestran películas y seriales dramatizados muy difíciles de superar, porque los televidentes pueden disfrutarlas en la comodidad de su hogar y en el horario que decidan, utilizando pantallas de 70 pulgadas, con imágenes en 3D o 4K y sistemas de sonido "sound round", lo que les garantiza condiciones muy similares a las existentes en salas de proyección. Igual de importante resulta considerar la popularidad que tiene Internet frente a la televisión contemporánea, con un desarrollo indetenible gracias a que ha podido consolidar un **Nuevo Lenguaje** y establecerse como una nueva alternativa de entretenimiento.

Sus segmentos no exceden los 4 minutos, tienen muy poca censura, utilizan una electrónica avanzada (HD) que permite grabar cualquier escena íntima con un buen audio, utilizan la luz natural para documentar vivencias sin perder calidad, ni aumentar costos, con un proceso de grabación electrónica que no depende del revelado y la proliferación de sistemas de edición no lineal puestos al alcance de todos que han creado una nueva generación de "editores y directores" que, entrenados inicialmente con el uso cotidiano de sus celulares, logran dominar las técnicas básicas de producción cinematográficas sin mucho adiestramiento, ni inversiones extremas.

Como tendencia híbrida en la actualidad, vemos algunos shows que utilizan materiales producidos en las redes sociales (como partes) para conformar productos que pueden ser transmitidos por la televisión ordinaria. Algunos de esos híbridos han tenido buenos resultados, pero aún no he podido ver en pantalla un show exitoso que haya logrado cumplir con ambos formatos. Seguramente en un futuro cercano de la contradicción existente entre la televisión convencional y la Internet saldrá una síntesis que logre mezclar ambos lenguajes de una manera adecuada, pero hay que esperar.

Indudablemente las ofertas que tiene la "televisión a la carta" no pueden lograr la inmediatez que disfruta la televisión convencional, esa es una ventaja y el auge de Internet con su **Nuevo Lenguaje** y establecerse como una nueva alternativa de entretenimiento pudiera interpretarse como una reafirmación de la "telerrealidad" que debe imponerse, por eso me alineo a esa tendencia, porque creo que es quien mejor representa el pensamiento contemporáneo.

El Reality como tendencia

"El artista no finge la realidad, le da forma, elige los aspectos de la existencia que considera metafísicamente significativos, aislándolos y acentuándolos, omitiendo los que son insignificantes y accidentales " Ayn Rand.

La telerrealidad (reality) documenta la vida ordinaria de personas en circunstancias comunes, sin un guión evidente, resaltando lo dramático y conflictivo en la vida en diferentes formatos.

Participantes desconocidos, situaciones espontáneas, búsqueda de trabajos, escándalos políticos y sociales, cámaras ocultas, videos caseros, bromas pesadas, asuntos jurídicos ("The People Court"), policíacos ("COPS"), shows de juegos, profesiones ("Dr. Phill"), remodelación de propiedades ("House Hunters"), pretendientes ("Quién quiere casarse con mi hijo"), casos de la vida real ("The Real Housewives"), "The Kardashians", "Extreme Weight Loss", "Tool Academy", "Big Brothers", "An American Family", "Operación Triunfo", "American Idol", "Dancing With the Stars", "The Voice", "Survivor"...

Todos esos formatos tienen diferentes porcientos de telerrealidad, unos más, otros menos. Los elementos comunes que los tipifican son los personajes con historias tomadas de la cotidianidad, presentando un elenco compuesto por ciudadanos promedios, personas corrientes que buscando un premio y la notoriedad compiten y/o exponen su vida privada, utilizando confesionarios donde el elenco desnuda sus interioridades, encierros donde interactúan con sus adversarios, mezclando historias de la vida real con videos de soporte, ensayos, momentos detrás de cámara, repletos de situaciones humorísticas y dramas auténticos.

A los escritores profesionales les estamos pidiendo que produzcan sucesos ingeniosos en los formatos habituales y con las "herramientas" que les proporcionamos. Es muy difícil, por eso terminamos sentenciando: *"ya no hay buenos escritores"*. No es así, les pedimos que trabajen una "tierra árida", sobre-explotada, que no ofrece los mismos frutos de sus inicios. Las tierras se agotan, las minas también y cuando dejan de dar resultados la solución no radica en profundizar más, sino en abrir una "sucursal" a varios kilómetros de distancia pues las "vetas" corren de manera paralela y profundizar más en un mismo estilo puede ser un error. Lo mismo ocurre con los temas y su manera de presentarlos.

Hay diferencias notables entre la televisión convencional y el reality que ahonda y profundiza buscando las verdaderas razones tras el suceso y desenmascara el inter-actuar entre los protagonistas de la historia y su entorno. El buen reality no falsifica historias, no exagera, es preciso y refleja de una manera dramatizada situaciones y personajes que pueden ser posibles. Cuenta las historias utilizando los verdaderos protagonistas en lugar de actores profesionales, a los que reconocemos porque ayer los vimos actuando como abogados, mañana harán de asesinos a sueldo y después los veremos actuando como doctores, lo que conspira contra la credibilidad de nuestra historia.

Se trata entonces de contar historias reales, con protagonistas reales y ésa es la nueva televisión que exigen nuestros tiempos, donde nuestros coterráneos se "desnudan" frente a cámaras y nos presentan sus vidas reales, contadas no por escritores, sino por productores capaces de detectar y de dramatizar la historia que queremos contar. Si el protagonista de la historia que queremos contar no "hace de borracho" sino que realmente lo es, le creemos su discurso y es más claro nuestro mensaje.

Algunos "realitys" le ofrecen al televidente la posibilidad de influir en las decisiones propias de la producción del show, permitiéndoles evolucionar de espectadores pasivos a espectadores activos, al ocupar el rol de jueces (vía electrónica) para decidir quién debe ser castigado, eliminado o debe sobrevivir, lo que de hecho también aumenta los ratings.

Este género no es exclusivo de lo informativo, educativo, espectacular, real o ficticio, sino que pertenece a todos los géneros, incluso a la política. En algunas ocasiones los detractores lo califican de "televisión basura" por sus excesos, otros dicen que son historias engañosas, preparadas y coreografiadas que buscan humillar y explotar a los participantes. Es cierto, he visto en muchas ocasiones algunos "realitys" que bien pudieran calificarse como "telebasura" (15), pero esa no es una característica inevitable, ni tampoco se puede identificar con la transgresión o la vulgaridad, ese "tono" depende únicamente de cómo lo realicen sus productores al contar sus historias.

Su diapasón recorre todos los géneros desde la comedia hasta la tragedia, consiguiendo, según sus propósitos, risas hasta la carcajada y nudos en la garganta o lágrimas a borbotones, que finalmente es el mismo propósito que persigue la televisión convencional, pero andando por otros senderos.

En dramaturgia utiliza las mismas "herramientas" que la televisión convencional, desde La Poética de Aristóteles hasta Buanaventura, Rapaport, Brecht o Carlos Piñero. Hay quienes pretenden ignorarla y casi siempre sucede por desinformación porque todo lo nuevo siempre pasa por un proceso doloroso, pues lo viejo tiene muchos intereses como para ser sustituido sin resistencia. Dentro del reality, caben (he visto) muchos shows familiares, dramas reales, situaciones humorísticas muy simpáticas, shows muy emotivos, humanos, edificantes e inspiracionales.

En USA el reality gradualmente inunda las pantallas convencionales ofreciendo contenidos para un público cada día menos conservador. Como alternativa paralela utilizan la televisión por cable, donde la FCC (16) no tiene jurisdicción, pero el tema de la televisión norteamericana seria extenuante, porque es muy vasto y no es el propósito de esta publicación, sólo debo resaltar que la televisión local y nacional hispanoparlante que transmite desde USA (Univisión y Telemundo) está de espaldas a estas nuevas tendencias.

La programación de la televisión hispanoparlante en Estados Unidos, tanto en las cadenas como en las televisoras locales, apenas refleja la telerrealidad como tendencia confiable, a pesar de que este estilo tiene cada día más presencia en todas las televisoras del resto del mundo.

La televisión española es un buen ejemplo para entender la aplicación práctica de la telerrealidad en la programación televisiva, muchos de ellos programados en el "prime time" con respetables índices de audiencia y con un gran porciento de su programación matizado por esta tendencia.

Aunque es justo aclarar que en demasiadas ocasiones programadores inescrupulosos faltan a la ética televisiva manipulando situaciones de una manera muy deshonesta, faltando a la verdad y con una estética inadecuada, creando situaciones extremas y abusando de personas que humillan de manera innecesaria, con tal de conseguir los raitings.

Salvame (17). Con 4 horas diarias es controversial, polémico, morboso, con un humor desenfadado, dedicado a la prensa del Corazón ha llegado a convertirse en la auténtica "gallina de los huevos de oro" de Telecinco, con una audiencia abrumadora, un escaso presupuesto y formato similar al de los magazines tradicionales. La diferencia reside en la Forma realista utilizada para tratar los Contenidos, provocando debates que pueden incluir demandas, peleas en los camerinos, rupturas de la "cuarta pared", que involucran al regidor de piso y a figuras de pueblo como Belén Esteban para mostrar las "grietas" en sus personalidades.

Entre Todos (18). Talk Show, Espacio de servicio público, que impulsa la generosidad y los valores positivos de la sociedad. Un ciudadano común pide ayuda, los televidentes le brindan su aporte, un grupo de especialistas (Psicólogos, abogados, economistas, empresarios, médicos) asesoran. Personas desconocidas por teléfono, ayudan a iniciar un pequeño negocio familiar, un niño se va de vacaciones y necesita alguien que le cuide su mascota, una madre soltera necesita trabajo, un baño se derrumbó y necesita un albañil. Se logra la ayuda del público apelando a su solidaridad, nunca a la caridad.

Hombre mujeres y viceversa (19) Grupo de jóvenes desconocidos, solteros y de ambos sexos compiten para conseguir pareja, muestran sus condiciones y habilidades, una cámara documenta el proceso de conquista en el estudio y las citas posteriores, todos opinan, los protagonistas eligen, el público se involucra, sugiere y la producción le da seguimiento a las historias que logran continuidad.

Hay una cosa que te quiero decir (20). Una persona llama al programa para poder encontrarse con otra persona para comunicarle algun suceso especial ocurrido entre ambos, se encuentran en escena, cuentan su historia, quieren brindar una disculpa personal en público: "Dos cuñadas pelearon porque una de ellas maltrató al hijo de la otra en su adolescencia, por un asunto intrascendente, 28 años después se arrepienten de haber afectado las relaciones familiares con un problema tan trivial, ambas quieren ofrecerse disculpas, se encuentran en el set. Todo contado sin efectismos, con naturalidad.

El jefe infiltrado (21) En una sociedad regida por la economía de mercado varios jefes deciden infiltrarse en sus negocios, como si fueran un empleado más, para detectar y mejorar los puntos débiles de la empresa y conocer el personal que trabaja para ellos.

Me cambio de familia (22) Dos familias Intercambian integrantes de núcleos familiares en conflicto, se solucionan asuntos muy complejos, se evidencian las diferentes personalidades de todos los integrantes, al cambiar de rutinas y poner en la práctica, durante 7 dias, valores no acostumbrados. Un show muy emotivo.

"Quién quiere casarse con mi hijo", "Callejeros", "Hermano mayor", "Survivors", "Adán y Eva", "Tú sí que vales", "El comecocos", "De buena ley", "21 dias", "Gran hermano", "Operación Triunfo"... con esos títulos conforman toda una programación muy real, que apenas utiliza actores en la categoria de variedades, donde abundan decorados naturales, que dependen sustancialmente de un grupo sólido de productores que garantizan los contenidos para obtener los mejores indices de audiencia.

El resto de la programación incluye shows de juegos, de conocimientos, de opinión, noticieros, la programación adquirida en otros lares y la dramatizada de producción nacional, también con un enfoque realista.

Se trata entonces de producir sistemáticamente formatos con esas características para crear una línea editorial coherente basada en la realidad, porque en los tiempos actuales el televidente disfruta los contenidos de una manera **más racional**.

Televisión en la práctica

Sin ánimos de teorizar, pero sabiendo que nuestro oficio carece de análisis teóricos es que escribo este capítulo, basado en mis experiencias personales y en mi interpretación de los resultados (ratings) del "prime time" (07:00-10:30 p.m.) para el formato de variedades.

Contenidos que funcionan en el prime time.

El debate garantiza audiencia, necesitamos un tema que nos involucre, mientras más pueda modificar nuestro *status* más nos interesa, el público lo sigue con la esperanza de verificar sus convicciones y así espera hasta el final.

Debe ser tratado con naturalidad, con todas las partes contradictorias que puedan ser involucradas, con ingenio, sin transgresiones ni vulgaridades, polémicos, intensos, novedosos, con opiniones muy divididas (50%-50%) sin soluciones obvias, donde ambas partes puedan presentar sus mejores argumentos, en una atmósfera que pueda recrear el tono de una "discusión en casa" rodeado de amigos y adversarios ideológicos.

Lo políticamente correcto "huele a viejo", no funcionan las entrevistas predecibles, formales, ni complacientes, repletas de adjetivos calificativos y anécdotas simplonas que solo pueden crear respuestas y situaciones tontas. Resultan más productivas las coyunturas incómodas que puedan ruborizar al entrevistado para ponerlo en tensión, llevándolo hasta el "border line…sin quedarse corto, ni rebosarlo". Funciona lo novedoso y llamar la atención con sucesos "imprevistos". En horarios diurnos dan buenos resultados los segmentos "útiles o de curiosidades" y los temas "light", pero en los horarios nocturnos solo sirven para acentuar contrastes.

Prefieren los sketchs "conectados" a los sucesos noticiosos más inmediatos que cuestionen a los aludidos, para llenar el vacío judicial que permitieron las instituciones, y los sketchs no-estructurados (¿?) donde la "morcilla" **verdadera** tenga un lugar importante para resaltar sucesos ajenos a la trama, que racionalmente permitan "romper la cuarta pared" y la improvisación con elementos ajenos a la escena. Quieren ver el "backstage", no importa la relevancia del evento, mejor si es "el Oscar".

Disfrutan ver a "personajes" populares, incluyendo los "esperpentos" de la ciudad, en situaciones que caractericen sus vidas, porque sus actitudes les resultan atractivas por novedosas, por diferentes y raras, pero deben ser tratados con respeto, complicidad, tolerancia, sin burla y con naturalidad. (23)

Los televidentes utilizan los shows que compiten con juegos mentales y pruebas de conocimientos para auto confirmar su nivel de información con los de acertijos y juegos de azar para "comprobar" su suerte (¿?). Otros shows se valen de un premio "acumulado" o del viejo truco de identificar una frase al final, lo que ya no es ingenioso, pero todavía funciona para garantizar audiencia.

Los televidentes quieren involucrarse en el desarrollo de la acción, quieren tomar decisiones, cambiar el rumbo del suceso (sketchs), decidir cuál debiera ser el final adecuado, a quién expulsar del "juego", a quién deben premiar, quieren ser útiles, quieren juzgar, quieren reírse a carcajadas con situaciones reales, quieren llorar de verdad ante situaciones reales con los protagonistas del suceso, no con actores representando equívocos.

Para que esta estrategia dé resultados hay que tratar el show como un "ser vivo" que necesita cuidados, alimentos y supervisión, sin exagerar en el uso de temas sexuales, ni adoptar actitudes melodramáticas, ni personajes caricaturescos, banalidades ni superficialidades, sin groserías innecesarias, ni tapujos, sin ocultar defectos, con mucha contundencia, intensidad, ingenio y naturalidad, buscando asomar al televidente a un universo palpable para convertirlos en televidentes activos, tal y como exigen los tiempos actuales, **hay que jugar a la verdad.**

Todos queremos **confirmar nuestras opiniones y decisiones en escenarios ajenos.**

Nota: El gol es poder reír y llorar en un solo show utilizando el contraste. Es muy difícil, pero hay que apostar por ello.

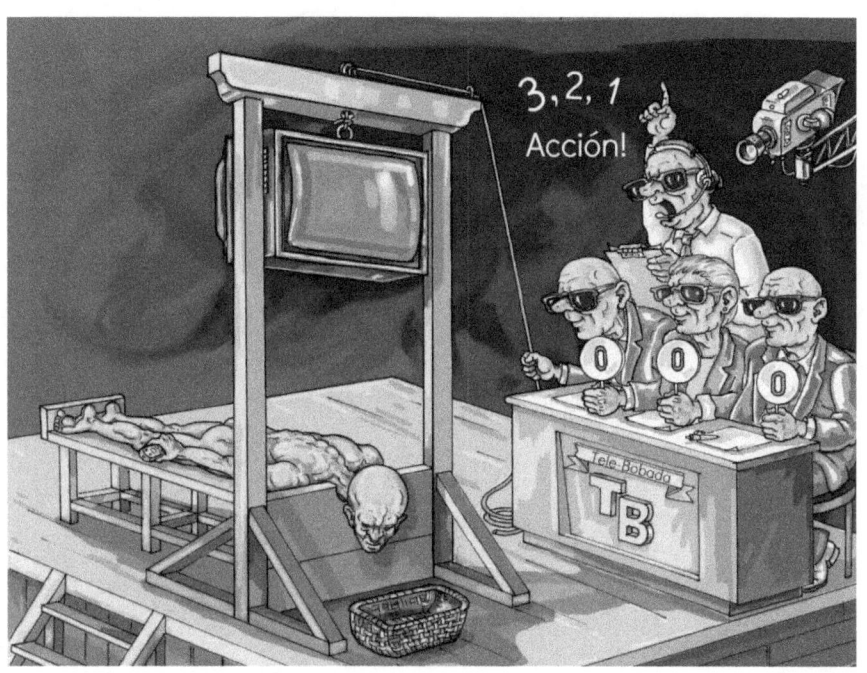

Por circunstancias concretas en segmentos transmitidos desde las televisoras locales de Miami he escrito artículos de los cuales a continuación reproduzco algunos, con la finalidad de poder explicarme mejor según los intereses de esta publicación.

Poemas

Recientemente vi en la televisión local a un actor declamando poemas. Decir un poema en otros momentos y en otro contexto resultó exitoso, decirlo en el 2015 en un show local de variedades en horario "prime time" fue un error, pues los televidentes actuales consideran arcaica esa forma de comunicación.

Los poemas existen desde tiempos inmemoriales, siempre han sido una constante en la proyección literaria del individuo, sintetizando su época. Ya no abundan temas épicos, pero me consta que a mediados del pasado siglo, cuando aún sobrevivía una penúltima generación de románticos, los poemas eran un buena "herramienta" para la conquista y eso los hacía muy populares.

En Cuba participé (área técnica) en "Intermezzo" (24) un show que ofrecía poemas en la voz de Mario Blanco López, apoyados por parejas de baile. Más tarde, a inicios de los 70, surgió "Mientras Tanto" (25) con características muy similares en horario estelar. Un tiempo después este estilo de shows desapareció de la televisión porque se les consideró "pasados de moda". En la radio han subsistido por más tiempo. En las "Carpas Teatro" de los años 70 nunca faltaba alguien diciendo un poema: *"y yo me la llevé al río, creyendo que era mozuela...pero tenía marío"*, eso era parte del show.

Era coherente con la problemática de su tiempo. En la década de los 60 conseguir pareja era mucho más difícil que hoy, los tabúes, los padres y las chaperonas lograron establecer sus reglas e incluso hasta disfrutar el morbo del **"amor imposible"**.

Aún recuerdo de Bécquer (26) la cuarteta final de la rima XI, que sintetizaba el espíritu de mediados de siglo:

Yo soy un sueño, un imposible,
vano fantasma de niebla y luz.
Soy incorpórea, soy intangible,
no puedo amarte
   -¡Oh, ven, ven tú!

Los sucesos políticos sucedidos en Cuba a inicios de los 60 produjeron cambios sustanciales en el imaginario y la "moral" de sus ciudadanos. Muchos conceptos familiares fueron sometidos a escrutinio, los padres no podían mantener bajo control a su descendencia en sus principales etapas de celo, la lejanía producida por las "escuelas al campo" y las becas propiciaban la libertad sexual, las ideas religiosas dejaron de ser un límite, el virgo cedió su espacio a ideas más liberales, el morbo del "amor imposible" mutó a ideas más liberadoras y con ellas perdieron su soporte los poemas basados en el desamor. Como resultado de esos cambios concretos, la televisión no transmitió más poemas. Cambió el ángulo.

Pero si un realizador insiste y decide poner un poema en Miami 50 años después, le sugeriría utilizar un texto con temas actuales e imágenes poéticas que no dependan tanto de la rima, ni de la métrica. Si insisten en programarlo, les diría que elegir un poema de Dulce María Loynaz (27) en lugar de uno de José Ángel Buesa (28) fue desacertado. Aunque Loynaz pudiera tener mayor calidad literaria, porque Buesa era indiscutiblemente el poeta más conocido por los televidentes, que aún sobreviven a esos tiempos. Si hubieran elegido a Buesa, a la audiencia disponible de la tercera edad le hubiera sido fácil poder apelar a su memoria emotiva y con esa estrategia dicho realizador hubiera podido garantizar mejores ratings.

Un bolero exitoso producido en los años 50 sintetiza los gustos de su época, logró su éxito utilizando la sonoridad de su tiempo, por la forma de decirlo, por el metal de la voz, por la elección del vocalista seleccionado según los gustos de la época, la coloratura de su voz, la armonía, el arreglo y principalmente el tema. Es imposible que el mismo bolero hubiera sido igual de exitoso en los 20 o en los 60, porque todos sus componentes varían demasiado aunque nos parezcan similares.

Hagan una prueba: cambien uno solo de esos elementos e imaginen ese mismo bolero en los 50 interpretado por una voz exitosa de principios de 1900 o al ritmo del rap o por una "jazz band", utilizando ecualizadores y arreglo de metales como en tiempos actuales o presentando un tema erótico. En los años 50 el público no se hubiera sentido identificado y no hubiera podido alcanzar el éxito. Todo lo exitoso (sintetiza) representa su tiempo.

El éxito de la representación escénica "realista" depende totalmente en nuestra interpretación de la realidad circundante en los momentos de la "puesta en escena", para que sus espectadores puedan identificarse. Si nuestra interpretación no está adecuada al momento exacto que sale "al aire", no puede ser exitosa, aunque pueda gustar y por ausencia ser "tolerada", porque sus espectadores pueden revivir experiencias pasadas y lograr hacer "anclaje" en la historia.

Transgresión vs. Vulgaridad

Me sorprende mucho la subjetividad y la variabilidad de criterios para apreciar e interpretar cual es la frontera entre lo popular y lo vulgar y con cuanta naturalidad se confunden ambos términos y como, de forma muy arbitraria, se trazan políticas que mal colocadas puede ser letales en términos televisivos.

Abordando temas estéticos sería bueno comenzar por establecer que cada época tiene su ética y su moral y la utilización del argot y el slang no son vulgaridades, más bien es la parte (lenguaje) popular de una cultura específica. Lo popular es lo que se "pone de moda" por la mayoría y lo considerado vulgar es lo que ofende a esas mayorías.

Los temas (contenidos), aunque quieran, no pueden elegir ser vulgares o no. Ésa es una condición propia de las formas, mi mejor ejemplo: "Dos Rombos" (29) con Lorena Verdún, sexóloga española que aborda los temas más ríspidos del sexo duro de una manera que no puede ofender a ningún ser racional. Lo máximo a que puede aspirar un tema es a ser transgresor, lo que muchos confunden con ser vulgares, pero casi siempre esa condición de "temas transgresores" es muy efímera, pues una evolución constante y exponencial del pensamiento las satura a muy corto plazo y dejan de serlos.

Sin ser pretencioso intentaré "etiquetear" algunas formas que considero vulgares, porque asumo que en tiempos actuales "agrede" los conceptos estéticos de la mayoría. Posiblemente me equivoco, pero como éste es un ejercicio muy personal y subjetivo asumo esa licencia.

Las malas palabras ofenden cuando están mal colocadas. A veces son imprescindibles e insustituibles para dar el "Punch line" necesario. El contexto es muy importante, en la televisión dramatizada son más toleradas que en escenas humorísticas, pero si estás haciendo "reality" debes ser muy cuidadoso.

Es bueno aclarar que, según la nacionalidad, hay malas palabras que resultan demasiado fuertes y no son admitidas bajo ninguna circunstancia o se corre el riesgo de ser calificado como vulgar, entonces hay que encontrar el sinónimo adecuado. Ser gráfico es un agravante, para hacer humor no es imprescindible describir hechos, emociones o mostrar imágenes alusivas.

El doble sentido, me parece bien, es muy utilizado y ofrece buenos resultados para estructurar "sitcom", aunque a veces son demasiado previsibles y repetitivos. A mí personalmente me molesta cuando se usa para realizar preguntas y respuestas "simplonas" en los reportajes callejeros, que considero faltos de imaginación y sólo agregan "vulgaridad" de una manera gratuita y poco chistosa y: *"...te gusta que te la pongan en la cara...y que te den por detrás?*

Que cada cual establezca sus propios límites de una manera racional cuidando no ofender a sus televidentes, pero sobre todo no hagamos concesiones innecesarias, porque en muchos de los casos la vulgaridad no es imprescindible. Aseguro que recurrir a la vulgaridad es un facilismo, ante la saturación de los temas, la falta de escritores ingeniosos y a largo plazo no es rentable.

En ocasiones la suma de diferentes segmentos que utilizan el doble sentido de manera "light" y recurrente dentro de un mismo show le dan al público la sensación de que el show es vulgar en su totalidad. Es que resulta muy fácil confundir transgresión con vulgaridad pues transitan por una línea divisoria muy delgada que puede confundirse. Para su interpretación se involucran lenguajes y definiciones culturales muy nacionalistas, más las vivencias, la procedencia y la formación intelectual.

Seamos tolerantes para que podamos construir una televisión más diversa, capaz de atender a todos los gustos, porque nunca podemos olvidar que la televisión es un medio masivo de comunicación que, por definición, debe reflejar la masividad que se percibe constantemente, tanto por el uso del argot y del slang como por la puesta en escena de temas y "situaciones" que a diario se van haciendo más comunes y toleradas.

Tengo algunos ejemplos: En USA "El Show de Jerry Splinger's" (30), en España "Crónicas Marcianas" (31) y actualmente "Sálvame" (17). Éstos son y han sido shows extremadamente rentables y exitosos, que aunque hayan sido catalogados como "Televisión Basura" han permanecido por décadas en pantalla. Aunque en algunas ocasiones hayan rebasado el "border line", el público televidente siente que los representa.

En ocasiones también llegué a ver horas enteras de transmisión de un ballet clásico, y sinfonías musicales extensísimas, clases de música para instrumentistas y de idioma ruso para una teleaudiencia general. Esos géneros no se pueden disfrutar por televisión en toda su dimensión porque fueron concebidos para otra situación y en otro escenario.

Cultura es todo lo relativo a la interacción del ser humano, cultura es comida, olores, ciencia, religión, geografía, palabras consideradas malas, hábitos, costumbres, etc. El concepto de cultura no se reduce a conocer de ópera, de literatura o de ballet, ese camino casi siempre conduce a actitudes elitistas muy alejadas de lo que es un medio de difusión masiva por excelencia.

Es un error subestimar la inteligencia de los televidentes, como también lo es construir una televisión elitista. Como en todos los aspectos de la vida, el reto consiste en encontrar el justo medio entendiendo nuestra responsabilidad de comunicadores sociales y para eso debemos trabajar a diario.

Regla de Oro

Los que desde hace mucho tiempo nos dedicamos a realizar (¿analizar?) la televisión siempre andamos en busca de encontrar (descifrar) mecanismos teóricos que nos garanticen el éxito (de público), dependiendo demasiado de las experiencias logradas (repetidas) en nuestros mejores momentos.

Nadie trabaja con un método, todo se deja a la experiencia acumulada y a la "intuición artística" demasiado dependiente de "la musa", que es muy inconstante.

Es cierto que la televisión (arte al fin) está configurada por muchas variantes subjetivas lo que dificulta mucho el hecho de racionalizar fórmulas, sobre todo para cuando "se demore en bajar la musa", por eso hay que seguir buscando algún método confiable, aunque nos puedan calificar de ilusos o prepotentes.

Después de analizar durante siglos miles de trabajos pictóricos los historiadores del arte detectaron (32) muchas coincidencias en los maestros más exitosos y con esa información construyeron lo que llamaron **Regla de Oro**, que utilizan como "herramienta" de análisis, tanto para diferenciar (detectar) la pintura buena y la mala.

Si intentamos descubrir y aplicar análisis similares para comportamientos constantes en los shows de variedades por televisión, me atrevo a sugerir cuatro pasos, en ese mismo orden:

1.-) Selección de contenidos

Priorizar los temas que puedan tener mayor influencia y puedan modificar el status o los intereses del televidente en el momento en que ocurran.

En el orden siguiente, ofrecen buenos resultados :

a) Debates por conflicto de intereses
b) Sexo, morbo
c) Exclusividad
d) Secretismo
e) Curiosidad
f)"Recreación" de las vivencias del público televidente

2.-) Sesgo de confirmación.

Debemos coincidir con el ángulo y la interpretación que ya tiene formada el público sobre ese tema. Si queremos "hacer pensar" sobre nuevas interpretaciones de ese mismo suceso deben utilizarse pequeñas dosis, para poder ir adaptándolas en un tiempo prudencial.

3.-) Forma.

La manera de contar la historia es determinante. Debemos escoger la forma menos explotada (difundida) sobre ese mismo tema, buscando que el público no se sienta saturado por exposiciones similares realizadas con anterioridad, lo que depende mucho de la información, el gusto y la realización de los productores.

Lo que sí es seguro es que tener un método es mejor que no tener ninguno y que es una "herramienta" que nos ayuda a detectar con facilidad los contenidos "flojos".

Este método no es nada nuevo, pero lo realizamos de una manera inconsciente y arbitraria, rompemos las reglas, violamos el orden, subestimamos los pasos y aceptamos muchos contenidos... porque le gustan al público(¿?). Es bueno aclarar que está pensado para aplicarlo al "gran público" para aumentar los ratings, pues la televisión (medio al fin) trabaja para las mayorías. Otro "escenario" sería trabajar para la buena crítica, que principalmente mide los aportes que hacemos a la evolución del ser humano como especie.

Si todos los contenidos posibles los discutimos (brainstorm) en un orden riguroso, sin saltar ninguno de los pasos antes enumerados, sometiéndolos todos el ejercicio de la duda, buscando todas las variantes posibles, estableciendo prioridades, sin hacer concesiones, podemos afirmar que hemos logrado utilizarlos de una manera más racional, nos puede ir mejor y tal vez, estemos más cerca de encontrar la **Regla de Oro**.

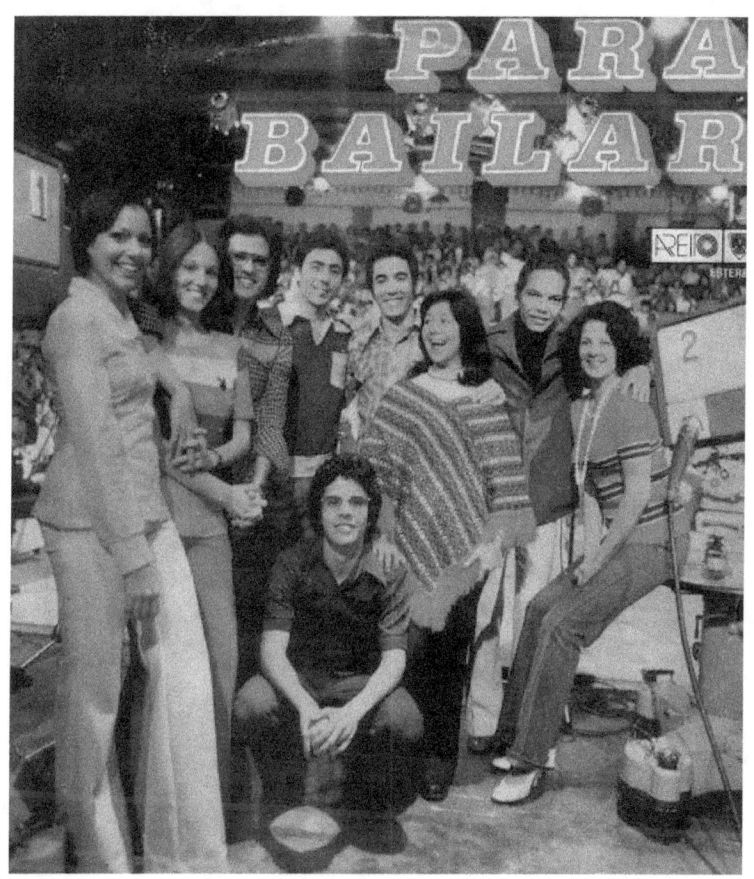

1979

Aunque inicialmente al escribir este ensayo me propuse no hacer anécdotas, creo que en esta oportunidad debo hacer una excepción.

A propósito del XI Festival Mundial de la Juventud y los Estudiantes, Cuba quería demostrar que tenía una programación dirigida a los jóvenes. Entonces llamó a un pequeño grupo de un curso de formación de directores que recientemente había organizado la reconocida directora Loly Buján (33). Nos invitaron a 6 graduados y nos ofrecieron 30 minutos, de lunes a sábado, desde las 6:00 p.m. Los ejecutivos de la televisión (34) nos propusieron diferentes temas, yo escogí el baile.

Ya había iniciado labores como director el 1° de mayo de 1972, pero en esa época aún trabajaba como camarógrafo. La propuesta era eventual, pero era la única oportunidad que se había presentado en años.

Rápidamente organicé un "casting" en el estudio 2 de Mazón y San Miguel al que se presentaron unos 200 jóvenes. Como protagonistas escogí a Salvador Blanco y Lily Rentería, como co-presentadores a Rey Batista, Albertico Pujols, Néstor Jiménez, Armandito León, Cary Ravelo, Mara Roque y Viky Rodríguez. Iniciamos grabaciones en el parque Maceo y en el anfiteatro de la Habana Vieja y salimos "al aire" el dia 10 de Junio de 1978 desde el estudio 19 del Focsa.

Terminó el festival y "Para Bailar" había sido un éxito indiscutible. Entonces decidieron transmitirlo en el peor horario posible, los domingos a las 2:00 p.m. en un país de "eterno verano". Pero había un problema, su escritor-director no era políticamente confiable. Entonces el vicepresidente del ICRT (35) Roberto Díaz, subió en su auto a Eugenio Pedraza Ginori, un director ya consagrado para la época, e intentó presionarlo para que asumiera la dirección de "Para Bailar". Yin (como lo conocemos sus amigos) haciendo gala de la hombría que lo caracteriza, declinó la oferta, se molestó, bajó del auto y Roberto tuvo que aceptar que yo siguiera siendo el guionista y director. Pero a partir de ese momento decidieron que el show fuera "supervisado" por "Osmín", oficial de la policía política.

Como título le puse "Para Bailar", para dejar bien claro que era un show juvenil concebido para divertirse y así evitar que fuera "inundado" de lemas y pancartas, pero ganarle "la partida" a los "comisarios del pueblo" era muy difícil.

El show continuó su ritmo, salvando muchos escollos de producción mientras el sindicato de locutores se oponía febrilmente pues ninguno de los animadores estaba sindicalizado (Mara y Armandito tenían 15 años) y otro tanto quisieron hacer conmigo los representantes del sindicato de los escritores, pues yo no estaba evaluado como tal.

La audiencia fue creciendo y rápidamente apareció la Unión de Jóvenes Comunistas, que quería utilizar el show con fines propagandísticos y atribuirse el éxito. Rápidamente nombraron un "asesor" que pudieron incluir dentro del equipo de realización... y todo comenzó a "podrirse", pero seguimos avanzando contra "viento y marea".

Pusimos canciones de Julio Iglesias y de José Feliciano, vetados por esos tiempos y le permitimos a una orquesta utilizar ropa considerada liberal (batones africanos), algunos jóvenes vestían con jeans y otros calzaban zapatos de moda (popy's). Eso era demasiado, según ellos todo era "extranjerizante". El colmo fue cuando un día incluimos en una "ensalada musical" Rock around the Clock, obra de los años 50 interpretada por Bill Halley y sus Cometas, muy utilizada para "caracterizar" al enemigo. Fue la debacle.

El 18 de diciembre de 1978 ocurrió un "milagro": Carlos Rafael Rodríguez (36), principal ideólogo del Partido Comunista de Cuba nos hacía llegar un documento para respaldarnos, poniéndonos como ejemplo de valentía por el uso que habíamos dado al rock norteamericano. También dijo:
"...no se dejen conquistar por los "tequeros" profesionales... una dosis adecuada de política puede ser un éxito, una dosis inadecuada puede resultar letal".

Ese documento equivalía a una "patente de corso" y la sabíamos utilizar. Cada vez que presentábamos contenidos no autorizados por la juventud comunista, ellos protestaban, reclamaban y querían reprimir. Yo les respondía: "Conmigo no... hablen con Carlos Rafael... él es nuestro asesor".

Lo logramos, pudimos incursionar en temas tabúes, pero con mucho cuidado, nos observaban de cerca, las reuniones con "Osmin" (policía política) continuaban y el "pastoreo" de la Juventud Comunista era permanente.

La primera competencia anual fue celebrada en el tabloncillo de basketball de la Universidad de la Habana. La ganaron los hermanos Santos, pero según los protocolos que habíamos establecido debería haber ganado la pareja que mejor bailara la mayor cantidad de ritmos. Siguiendo esas reglas el premio les pertenecía a los hermanos Francia, pero eso no era bueno para el show porque ellos eran hijos del entonces ministro de la agricultura Rafael Francia Mestre y los televidentes hubieran podido pensar que por esa condición les habíamos regalado el premio.

Así que decidí influir sobre los jueces y darle el premio a los hermanos Santos que tenían un desempeño muy creativo en la música cubana. La dirección del ICRT observó callada, sabían lo que habíamos hecho y me lo hicieron saber.

Los ganadores del primer lugar de las competencia de 1978 recibieron como premio un viaje a Alemania. A mi no me permitieron acompañarlos. Me vino a ver un oficial de la policía política que iba al frente de la delegación para que le diera algunos datos. Le pregunté: *¿Qué haces los domingos a las 2 de la tarde? ¿Nada? Pues si quieres enterarte como es el show, tienes que verlo por televisión"*.

Otro conflicto importante surgió en la competencia celebrada en 1980. Los bailadores participantes de la raza negra superaban en número a los bailadores de la raza blanca y eso me traía conflictos de audiencia.

Para solucionarlo "armé" una pareja de blancos formada por Miguel Ángel Masjuán y Rebeca Martínez, para enfrentarla a una excelente pareja interracial compuesta por Madelaine Mesa y Alexander, que eran muy buenos bailadores. Cualquiera de las dos parejas que ganara me resolvía el problema de audiencia que estaba enfrentando, pero no todo estaba en mis manos.

Como todos los años, la policía política exigía que le entregara los nombres de los participantes de la competencia anual con tres meses de anticipación, para investigar y aprobar cual bailador "merecía ganar" según su filiación ideológica.

No me dejaron elección, vetaron a la pareja interracial porque "habían detectado que tenían creencia en los cultos africanos". Concluyó la competencia, en buena lid ganó la pareja compuesta por Rebeca y Miguel Ángel, pero realmente la decisión no fue de los jueces, provino de la selección hecha por la policía política. La comunicó "Igor" y era de cumplimiento ineludible.

Después de terminada la competencia protesté, pedí pruebas. "Igor" me respondió: "*¿Viste cuando sonó la música africana cómo Madelaine tocó el piso con sus nudillos invocando a sus deidades africanas? Ésa es la mejor prueba posible*"

Durante el "casting" que realicé en Mazón y San Miguel me percaté de que en esas edades era muy difícil conseguir una pareja con suficientes habilidades, así que comencé a hacer indagaciones entre jóvenes ya profesionales y encontré a Salvador Blanco, que pertenecía al Grupo de Pantomimas de la Televisión Cubana, tenía aspecto y actitudes de galán, toca guitarra, piano canta, baila y actúa, todo de manera aceptable y junto a Lily Rentería, con una belleza fuera de lo común, eran la pareja perfecta. El resto del grupo era ideal para lograr la "atmósfera" que disfrutan los jóvenes en edades tempranas.

71

Todo comenzó bien, pasado un tiempo prudencial, Cary Ravelo superó a Lily Rentería en el gusto popular, apareció Carlos Otero que más adelante sustituyó a Salvador Blanco al ver éste interrumpida su carrera por una cárcel injusta, que más adelante voy a contar basado en informaciones adquiridas de fuentes enteradas y confiables.

Tanta popularidad modificó las personalidades de los animadores. Era impresionante ver un stadium deportivo con 30,000 personas coreando sus nombres, a esa edad debió haber sido traumatizante. A todos les afectó, a Salvador más que a ninguno y eso no le gustaba a los ideólogos, ni a la policía política, pues les ofrecía a estos jóvenes una impunidad que excedía los límites permitidos. Como agravante, Salvador comenzó a vestirse por el "Buró de Orientación de la Moda" de manera muy elegante, pero por encima de la media y hacía alarde de ello, tenía acceso a piezas de repuesto y a motos controladas por el estado, que él conseguía gracias a la fama que había adquirido, tenía amores con hijas de altos funcionarios del régimen y para colmo con una sobrina de Fidel. Una tarde coincidieron en una casa de visita y le dijo al propio Fidel que el público lo percibía tan importante como a él mismo y le hizo una anécdota para demostrarlo.

Ese comentario colmó la copa, que estaba bastante llena desde hacía algún tiempo. Ése no era el "hombre nuevo" que soñaba el Che y si realmente Salvador tenía tantas influencias como él decía, su imagen era perjudicial para la juventud. Lo más sencillo sería encarcelarlo.

Se dice que por sentimientos similares desapareció a su lugarteniente Camilo Cienfuegos (38), destituyó a Ramiro Valdés como ministro del Interior (39) cuando supo que corría delante de su Chaika por pleno malecón de la Habana buscando popularidad y eliminó de las pantallas a Sergio Corrieri (40), actor que simbolizó la policía política). *¿Quién se cree ser Salvador?*

Entonces le construyeron un delito, para encarcelarlo por "intento de salida ilegal del país". Días después de su detención, yo caminaba rumbo al ICRT y frente al restaurant La Roca coincidí con "Luis", un capitán de la policía política que durante un tiempo había sido "asesor" de "Para Bailar" y con el que logré cierto grado de confianza. Tres meses atrás yo había abandonado el show, "Luis" continuaba como asesor. Le pregunté detalles del suceso que acababa de ocurrir. Me comentó cómo Salvador estaba "confesando" sus culpas en Villa Marista, me dio esta versión:

"Algunas fuentes nos informaron que pretendía salir del país, para hacer declaraciones en contra del Comandante, lo cogimos, lo presionamos y ahora lo tenemos "cantando en Villa". El día de su detención llegó en moto al edificio donde vivía, se percató de que estábamos registrando su casa y salió para Miramar buscando asilarse en una embajada, pero el propio ministro (Ramiro) estaba al frente de la operación y avisó a los custodios, que cerraron las puertas de las embajadas de Miramar...lo que encontramos en su casa fue tremendo"...etc.

Con muchos comentarios que "Luis" hizo en esa conversación e información complementaria pude "armar" la cronología de los sucesos.

La fuente inicial fue "Paquito Paquete" que un día en casa de Teresita Mayans escuchó comentarios de Salvador donde manifestaba sus intenciones de querer abandonar el país y rápidamente lo informó a la policía política, Le intervinieron el teléfono (KT) y cuando escucharon la propuesta de abandonar el país, en boca de otra persona (¿?) lo utilizaron para cubrir el rastro de la fuente inicial y procedieron a **armarle un caso**.

Le mandaron un agente que trabajaba para el ICAIC (41) como "productor" para comentarles que pronto se filmaría una película en España y entre los actores propuestos para interpretar algunos roles Teresita y Salvador (madre e hijo) tenían muchas posibilidades.

Salvador vio una oportunidad, se disparó la familia, comenzaron las gestiones con un amigo de Teresita (vestuarista del hotel Riviera), una filmación nocturna en el río de Puentes Grandes (que Luis me describió) y el resto de los preparativos. Con esas "evidencias" algunas pelucas y ropa extrema de actuación encontrada en su departamento los detuvieron y condenaron por "pensar en abandonar el país". No le encontraron un remo, ni un solo documento incriminatorio, nada, según me contó Carmen Luisa, la abogada que los defendió, obtuvieron "confesiones" de Salvador en las que dijo que: *"Pensaba hablar mal de Fidel, si podía salir de Cuba"*.

Fue valiente, tanto como en la prisión que le tocó vivir, pero no valieron los argumentos. Ya todo estaba decidido. En resumen, Salvador no representaba al "hombre nuevo" que soñó el Che y para colmo ¡pretendía igualarse con Fidel! ¡¡¡Era demasiado!!!

Le interrumpieron una carrera brillante, cumplió prisión durante tres años en el edificio # 3 ala norte, tercer piso de la prisión nacional del Combinado del Este. Lo sé con tanta exactitud porque doce años después cumplí prisión en esa misma celda sancionado a dos años y dos meses de privación de libertad, acusado de tráfico de divisas, con reembolso en el exterior, inciso D del aún vigente código penal (¿coincidencias?). Después de pasar un tiempo preso en el Combinado del Este, logré escapar vía aérea hacia Venezuela.

El animador Alberto Pujol hubiera podido perfectamente sustituir a Salvador porque tenía las condiciones necesarias, pero se fue del show para el grupo Teatro Escambray porque quería comenzar su carrera como actor. Por ese entonces apareció Carlos Otero, que era muy simpático, tenía buena imagen y poco a poco le fue gustando al público televidente. Así que elegí a Otero como posible sustituto y comencé una transición de roles que parecía inevitable, "se veía venir".

Salvador quiso desquitarse de las frustraciones y carencias padecidas durante años y se entretuvo demasiado en asuntos ajenos a su trabajo, no se aprendía los textos, faltaba a las reuniones de producción, llegaba tarde o no asistía a los ensayos y yo se lo permitía porque era el protagonista, pero su actitud provocaba muchos conflictos entre muchachos tan competitivos y afectaba la calidad de los contenidos que debíamos producir.

En épocas posteriores Salvador ha dicho que el culpable de su prisión había sido Carlos Otero. No he conocido evidencias que sustenten esos comentarios y mientras no se demuestre lo contrario prefiero pensar que son celos profesionales muy comunes entre artistas por su competitividad. Yo estaba allí.

Como ha sucedido en casos similares en cualquier país del mundo, los protagonistas de shows juveniles se convierten en ídolos de la juventud. Los animadores de "Para Bailar" continuaron su vida laboral con carreras exitosas, han tenido roles importantes en el cine, la televisión dramatizada y la conducción en shows de variedades.

Con el transcurso del tiempo todos emigraron salvo Mara Roque que aún vive en Cuba conduciendo shows de ciencias y Néstor Jiménez que se ha convertido en uno de los actores mas importantes de la isla. Armandito León en un interesante escritor de ficción y vive en España, Viki se retiró, Rey Batista trabaja como productor de televisión, Lily Rentería tiene un teatro en la ciudad de Miami donde trabaja como actriz, Cary Ravelo trabaja como ejecutiva de contenidos para compañías anglos, Albertico Pujol recién llega a Miami (2015) después de protagonizar seriales y telenovelas en Colombia y Carlos Otero conduce un show de horario estelar en la televisión de Miami. Salvador siguió vinculado a la televisión pero nunca más como animador, le troncharon su carrera.

Siendo justos las actitudes tanto de Salvador como del resto de los animadores son totalmente lógicas y pueden considerarse como "gajes del oficio" pues se ganaron el éxito, sin trampas, gracias al talento de cada cual y a la dedicación de todos en el marco adecuado.

Renuncié al show de "Para Bailar" en cuanto terminó la trianual de 1980, porque no me dejaban modificar el show que ya necesitaba fuertes cambios de talentos y decorados que no me permitían realizar. El jefe del departamento de Musicales (42) me dijo que para poder dejar el show debía presentarle un certificado médico y no quieran saber cuál fue mi respuesta, fui demasiado grosero, no me arrepiento.

"Para Bailar" tuvo éxitos de público porque interpretó de la manera adecuada, en el momento oportuno, el *"Sentido de la Vida"* de sus televidentes, fue un verdadero "oasis" ideológico dentro de una televisión muy politizada, presentó en escenarios abiertos la música y los bailes anteriormente prohibidos por televisión, lo que le dio al público una sensación de libertad inusual por esos tiempos.

"Para Bailar" rompió esquemas, aportó la animación en grupo, respaldó los ritmos musicales tradicionales y su manera de bailarlos, demostró que cerrar la cultura nacional a influencias externas nos aislaba del resto del mundo, debatió en foros públicos temas de interés juvenil, suavizó las fuertes contradicciones entre diferentes grupos juveniles (cheos vs. pepillos), los jóvenes conocieron y comenzaron a disfrutar las danzas tradicionales, consolidando así la cultura nacional. Sus logros son patentes.

Fue el programa más innovador de la televisión musical después de 1959, el de mayor penetración en el público, el que cumplió un papel importantísimo al divertir a unas masas empobrecidas y necesitadas de entretenimiento. Fue un soplo de aire fresco que ellos en su cerrazón ideológica no podían permitir, que aún después de 30 años provoca debates incendiarios.

Para poder hablar de "Para Bailar" tuve que hacer referencias a la atmósfera política en que se desarrolló la obra, para intentar que los lectores pudieran entender cómo funciona una televisión socialista (Cubana). Ahora debo hacer algunos apuntes y una inevitable comparación con el mundo televisivo de USA donde llevo dos décadas.

En una televisión de corte socialista todos los realizadores nos autocensuramos porque resulta imposible romper en los medios los "filtros" perfectamente colocados para detectar cualquier intento de violación de esas "orientaciones" y por el temor que todos llevamos dentro. Las reglas pocas veces son establecidas de una manera explícita, pero todos las conocemos.

Las "listas negras" descritas por George Orwell (43) en "1984" son muy patentes. Desde que inicias una grabación en las calles sabes que el entrevistado nunca dirá lo que realmente piensa, el camarógrafo, el editor o el que transmite el show al aire pueden informar por el mismo temor que a todos contamina. Para controlar y evitar posibles "errores ideológicos" todo se graba y se monitorea, si detectan alguna violación, por sutil que sea, puedes estar en problemas serios y al final no has aportado nada trascendente.

Ellos no tenían como requisito que los directores debían ser miembros del Partido Comunista, bastaba con no ser un crítico evidente y esa "tolerancia" les permitía simular una atmósfera de "libertad creativa". Como dato curioso puedo resaltar que trabajé (1970-1992) como director de Televisión Cubana y de los espectáculos más importantes del Ministerio de Cultura, En esa época había más de 100 directores en plantilla y sólo cinco eran militantes del Partido.

Desde 1995 hasta hoy (2015) he trabajado en USA (Miami) ejerciendo funciones similares, que también tienen mecanismos de control, sin llegar a tener el concepto de censura como se utiliza en Cuba. Debes respetar una línea editorial políticamente correcta y sobre todo cuidar a los anunciantes, "con eso no se juega".

Como todas las televisoras operan con capital privado, ese hecho le permite a sus dueños imponer sus gustos estéticos, rompiendo incluso muchas reglas básicas que tiene la televisión, sin estar debidamente preparados para ello, pues en varias ocasiones su capital proviene de especialidades ajenas. Voy a contar una anécdota que puede explicar la esencia de este fenómeno.

Me encontraba en un cabaret de Miami montando un espectáculo. El dueño se me acercó y me preguntó: *"¿Eso que tú haces se estudia?"*. De momento no le respondí. Como su capital inicial lo había logrado trabajando de dentista, al rato le pregunté: *"¿Cuánto me puede costar un sillón, unos roturadores y algo de amalgama?"*. Me preguntó: *"¿Para que tú quieres saber eso?"* Le respondí: *"Cuando me retire de director,*

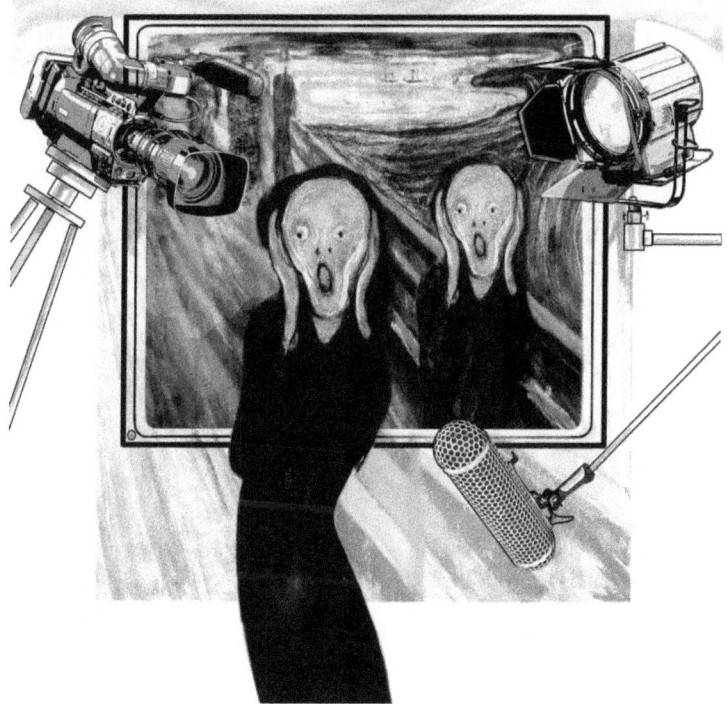

LA TELEVISIÓN
EN LA
PRÁCTICA

Epílogo

Creo que en estos momentos debo rectificar un falso enunciado de la portada, pues el titulo dice "La Televisión en **la** Práctica", cuando en realidad deberia decir "La Televisión en **mi** Práctica", pues de eso se trata, de la interpretación del mundo televisivo que me tocó vivir desde la década del 60, al servicio de una televisión de corte socialista y hasta los tiempos actuales (2015) como emigrado y realizador de la televisión hispana de USA, al servicio de la televisión local de Miami.

Algunos de estos análisis están basados únicamente en mi visión y las estrategias personales que pude aplicar para conquistar al público en busca de lograr mayores índices de audiencia, tratando de no hacer concesiones que perjudiquen a los televidentes, dentro de una televisión comercial que depende de sus anunciantes.
Me respaldan algunos años establecidos en el medio donde pude acumular éxitos y fracasos. Sin muchas pretensiones teóricas quisiera entender las causas tras del suceso y poder documentarlas como vivencias. Soy muy sincero en todo lo que afirmo, pueden creerme.

Todo proceso evolutivo pasa por momentos cruciales hasta que logra adaptarse a sus nuevas realidades, la televisión no está exenta de esa transición dialéctica. Aquí sólo sobrevivirán los realizadores que mejor interpreten su entorno, ayudados por programadores acuciosos, que estén dispuestos a abandonar su "zona de confort" y defiendan sus conquistas.

Si esta publicación sirve para promover y difundir la posible inversión en áreas televisivas, especialmente las locales, si los programadores están dispuestos a reconsiderar o reafirmar sus "puntos de vista" al amparo de un debate racional, sin intereses creados, si promueve acuerdos y desacuerdos en los que se discutan temas relacionados con la salud actual, si sirve a realizadores y a todos los involucrados en la industria de la televisión para servir a los intereses de una audiencia hispanoparlante en territorio estadounidense, he logrado mi objetivo.

Toda crisis es también una oportunidad.

Referencias

01-Lauren Zalaznick Producer NBCUniversal Cable Entertaiment and Cable studios. Lauren Zalaznick : The Conscience of Television / TED.TALK

02- Ted Talks, James Flynn : Why our IQ levels are higher than our grandparents

03-Morcilla. Añadidura abusiva de palabras o cláusulas de su invención, que hacen los comediantes.

04- Casos de Familia. Talk Show, Venevisión International, 42-45 min, (2012-2015)

05-Que Pasa USA. PBS. Written Luis Santeiro. 39 Capítulos. 27 min. (1977-1980)

06-El Mikimbin de Miami. 60 minutos de duración, lunes a viernes, (octubre 1999-2007)

07-Ayn Rand. El Manifiesto Romántico, Editorial Grito Sagrado. Pag.81

08-Brainstorm. Grupo de discusión que produce ideas para resolver problemas

09-Parrilla. En radio o televisión. Cuadro de Programación.

10- ICRT. Instituto Cubano de Radio y Televisión. Subordinado al PCC (Comité Central del Partido

Comunista Cubano) y al DOR (Departamento Orientación Revolucionaria).

11- Sesgo de Confirmación. Tendencia a investigar o interpretar información que confirma preconcepciones. Conformation bias. Daniel Kahedman y Amos Tversky. 1972.

12-James Randi educational Fundation. The organization administers The One Million Dollar Paranormal Challenge since feb. 29 1996. James Randi habla de fraude paranormales en TED.COM

13- German Pineli. Importante Animador cubano (1907-1996)

14-La noche de Jose Mota. Telecinco. Semanal, 60 min. Humor (2013-2014)

15-Laura en América.Talk Show and Reality Show, diario, diurno, 60 min. (1998-)

16-FCC. Federal Communications dommision. Regulates interstate and international communications by radio, television, wire, satellite and cable

17-Salvame. Show diario, diurno, 4 horas, lunes a viernes, telecinco. (2009-)

18-Entre Todos. TVE 1, horario vespertino, lunes a viernes, diario, 01:55 min. (2013-2014)

19-Hombres Mujeres y viceversa. La Cuatro y
Telecinco, dating show, 75 min. diario, (2008-)

20-Hay una cosa que te quiero decir. Lunes, martes,
mierc.Talk show, nocturno, Telecinco,   240 min.
(2012-2014/2015)

21-El Jefe infiltrado. La Sexta, docudrama, reality, 50-
55 min.(2011-2014)

22-Me cambio de familia. Telecinco, Cuatro,
docudrama, 60 min. (2010-2013)

23-Javier Cárdenas. Barcelona, España, mayo 18 de
1970.

24-Intermezzo. Miércoles 08:30 pm, CMBF Televisión
Cubana, Canal 4, (1963-1964)

25-Mientras Tanto. Jueves 08:30 pm, CMQ Televisión
Cubana, Canal 6 (1969).

26-Gustavo Adolfo Bécquer, Poeta romántico. Rimas y
Leyendas (Sevilla, España (1836-1970)

27-Dulce María Loynaz. Poetisa cubana (1902-1997)

28José Ángel Buesa. Poeta cubano, (1910-1982)

29-Dos Rómbos, Lorena Verdún, Sexóloga española,
RTVE (2004-2005 y 2006)

30-Jerry Springers. NBC Universal Televisión, diario,
43 min. (1991-)

31-Crónicas Marcianas. Diario, Telecinco, 120 min +/- España (1997-2005)

32- Dra. Rosario Novoa. Profesora de Mérito, Dra. Filosofía y Letras, Maestra de Maestros, profesora titular de la Facultad de Artes y Letras.

33- Loly Buján (1939 -2015) Directora de Teatro y Televisión, directora del curso para la formación de directores 1970-1977

34-Julio Puentes. Director Programación, Canal 02, Tele rebelde, ICRT (1978-1980)

35-Roberto Díaz. Presidente Televisión Cubana y Vicepresidente del ICRT (1976-1980)

36-Carlos Rafael Rodríguez. Miembro del Buró Político y Vice presidente del Consejo de Estado y de Ministros.

37-Camilo Cienfuegos.(1932-1959) Segundo Jefe de la Revolución desaparecido misteriosamente mientras volaba una avioneta desde Camagüey hacia la Habana.

38-Ramiro Valdés. (1932, Artemisa) Comandante de la Revolución, Vicepresidente del Consejo de Estado y del Consejo de Ministros, miembro del Buró Político del PCC.

39-Sergio Corrieri. (1939-2008) Actor símbolo de la lucha de la policía política frente a actividades de la contrarrevolución.

40-ICAIC. Instituto Cubano de Arte e Industria Cinematográfico

41-Pedro Díaz. Jefe del departamento de Musicales para la Televisión del ICRT, desde 1979 hasta el 1981

42-George Orwel. (1903-1950) Periodista, novelista, ensayista, crítico. Rebelión en la Granja, 1984.

Memorias

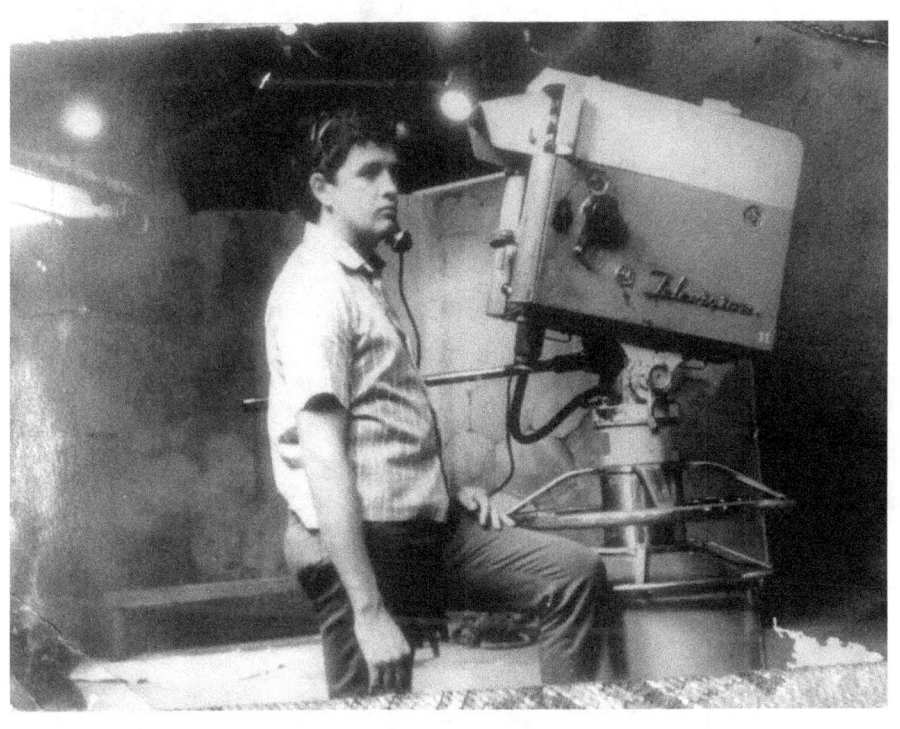

Eduardo Caceres-Manso, Televisión Cubana, Canal 4, Julio 1968

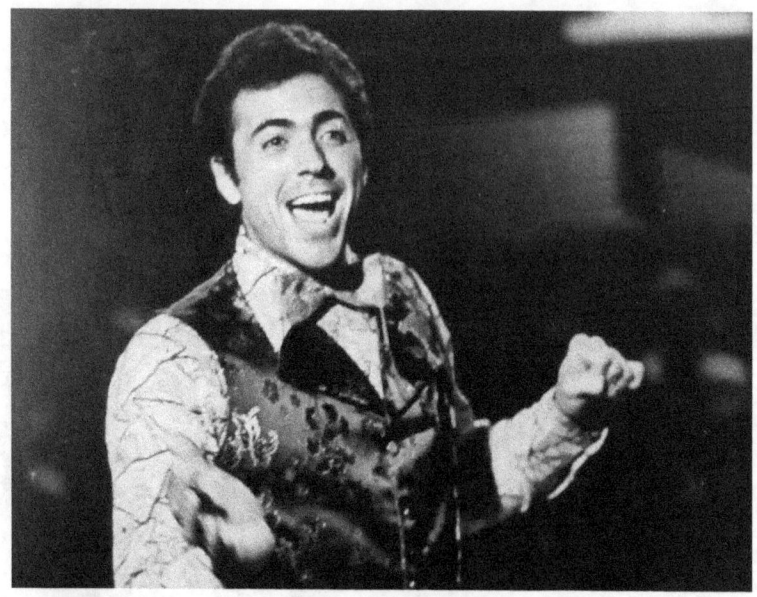

Salvador Blanco

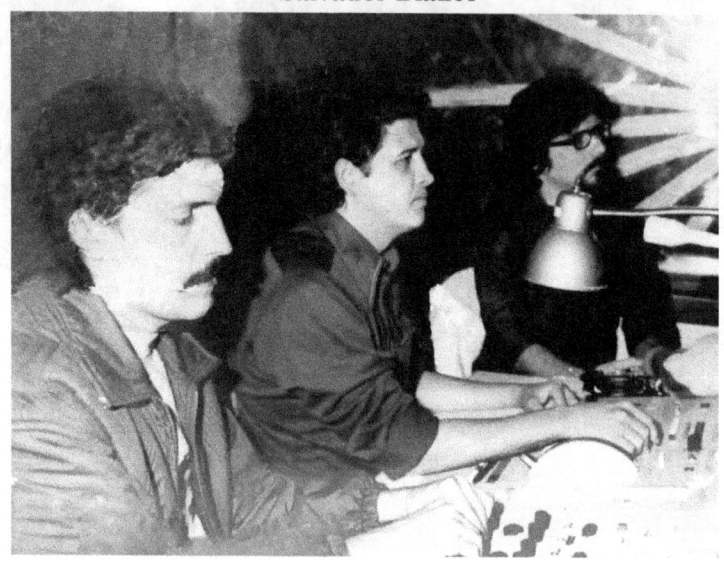

Carlos Font, Eduardo Cáceres-Manso y Eduardo Vázquez

Chisty Dominguez Presidenta Jurado

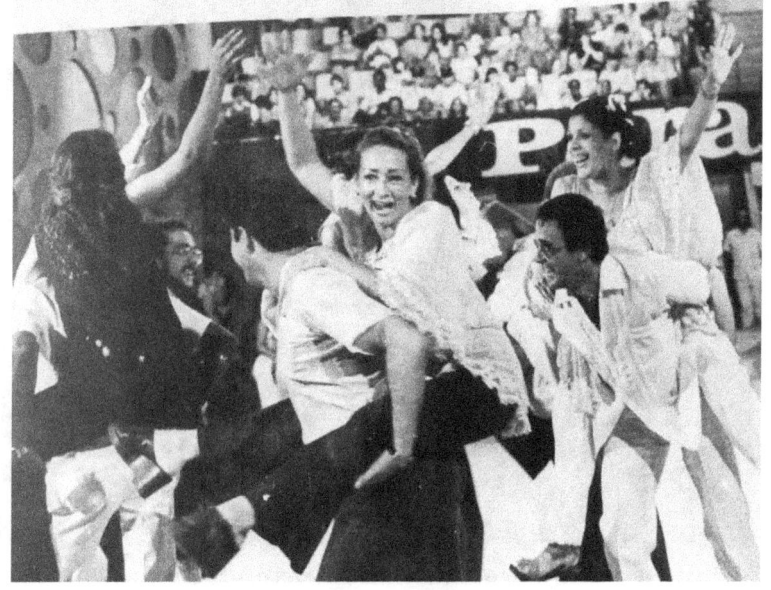

Asesores de Danza

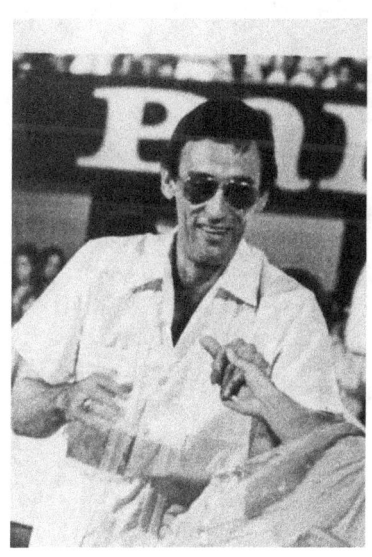

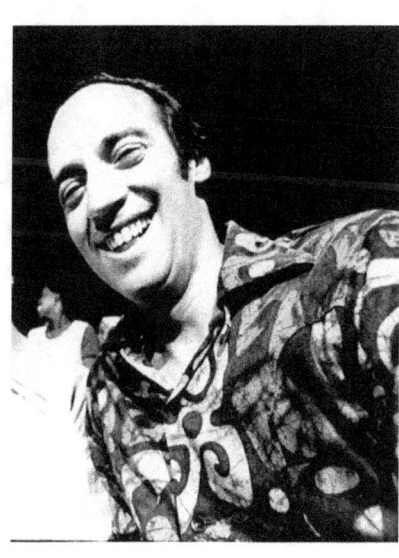

Rosendo González   Francisco Chinea

Doblaje "Honesty" de Billy Joel

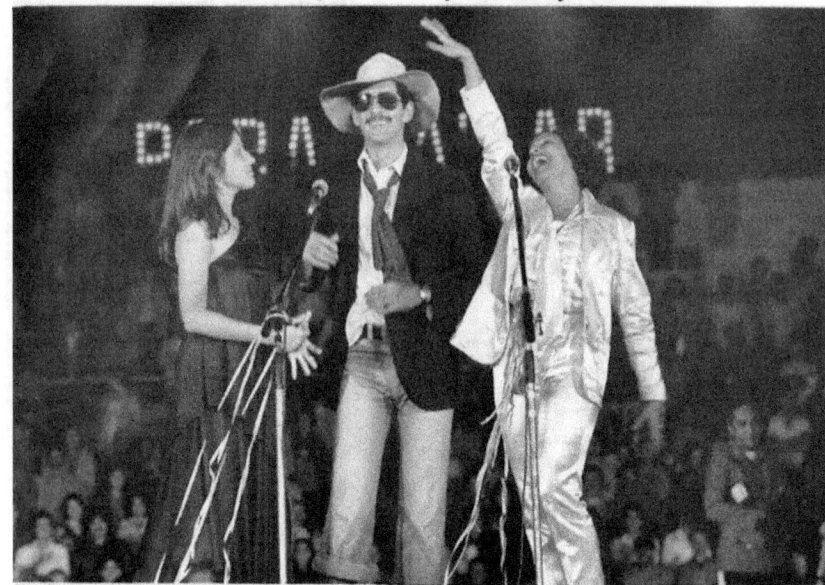

Lily Rentería, Carlos Otero y Cary Ravelo.

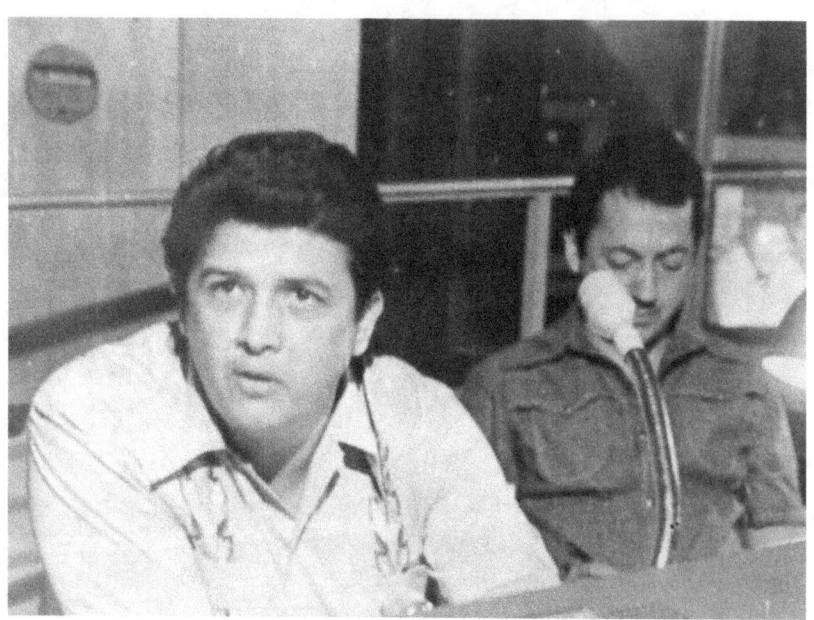

Eduardo Cáceres y Pedro Betancourt Asistente de Dirección

Rebeca Martinez y Miguel Angel

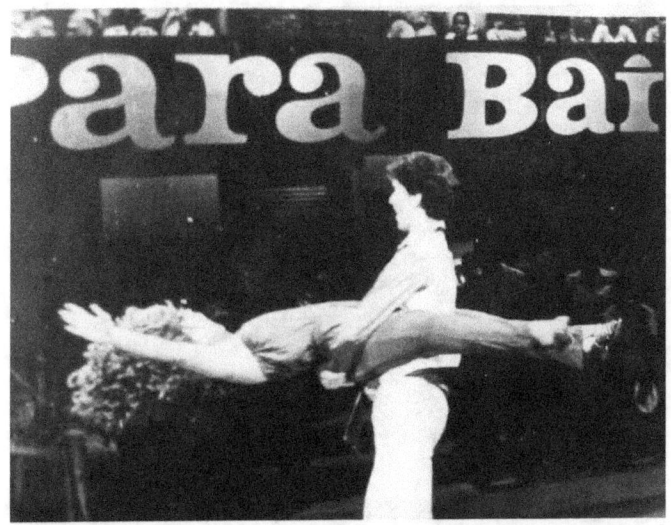

Albertico Pujols y Carlos Otero

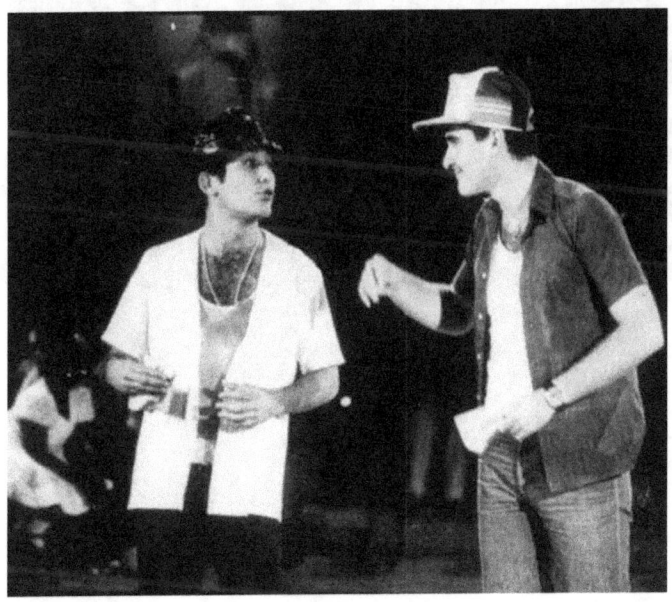

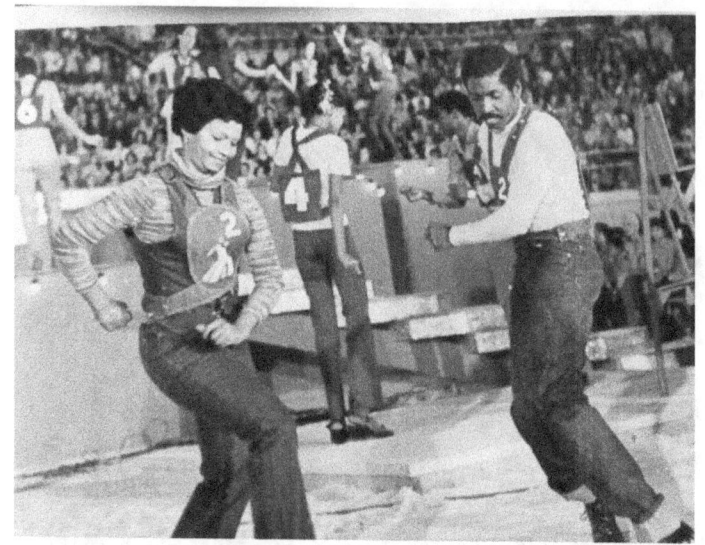

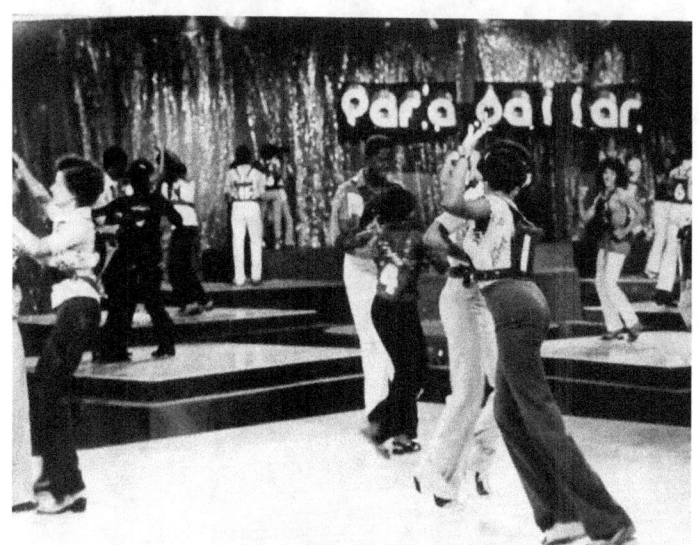

El Mikimbín de Miami

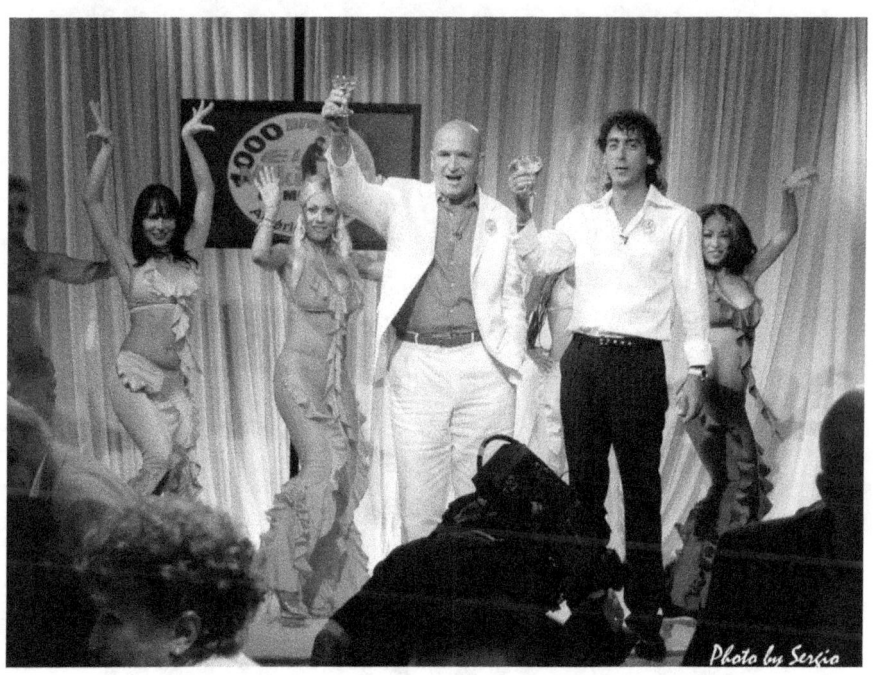

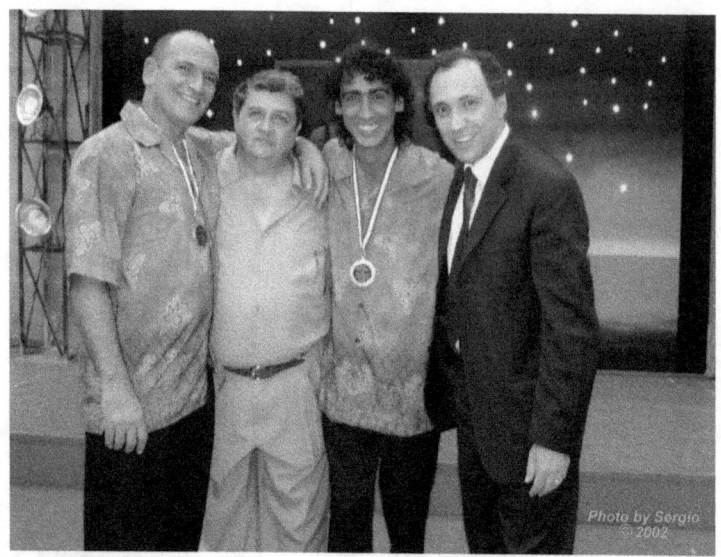

Gilberto Reyes, Eduardo Cáceres, Miguel González y Omar Romay

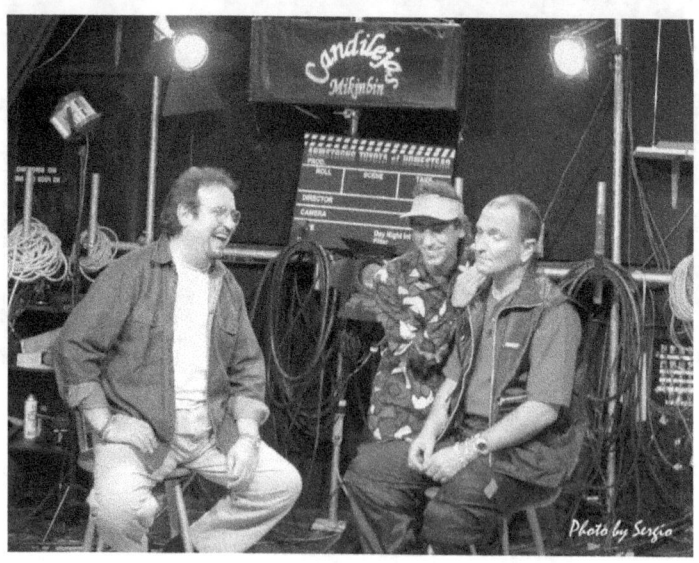

Dyango, Miguel González y Gilberto Reyes

"El Imparcial"

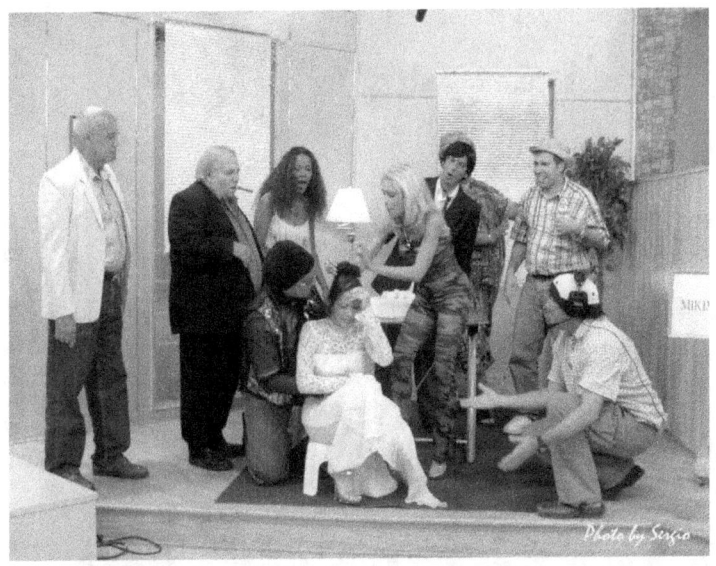

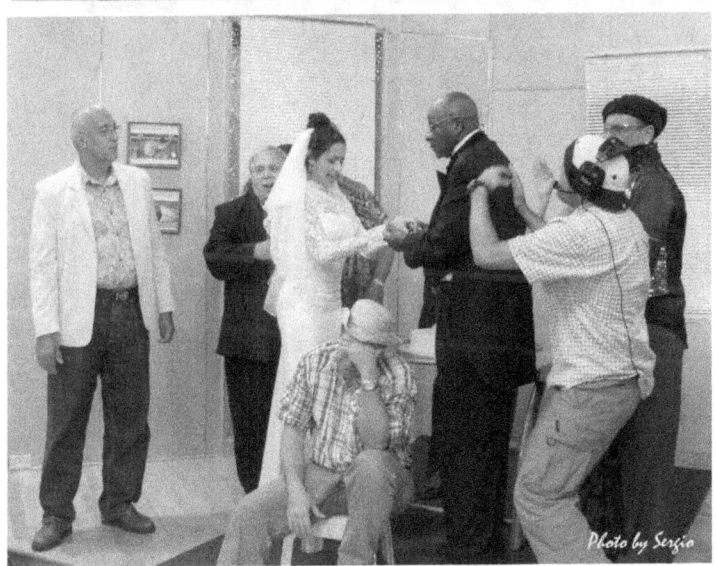

La Cosa Nostra

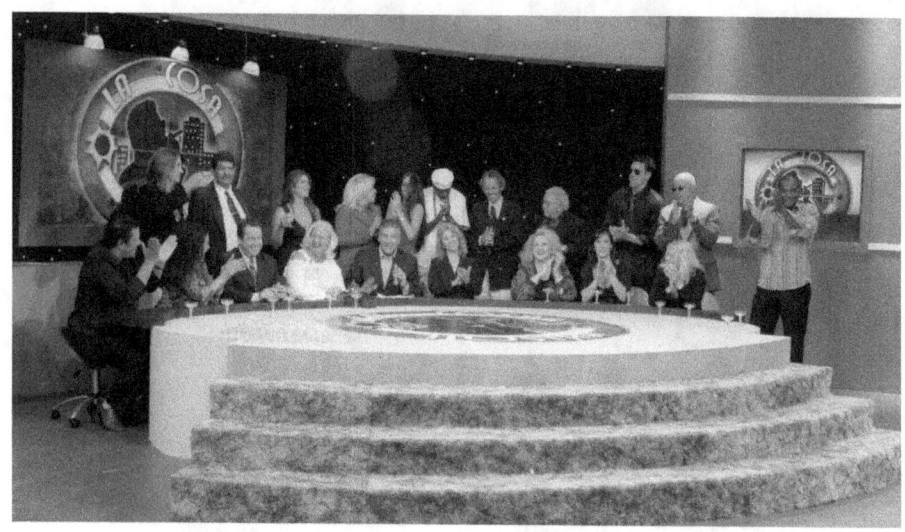

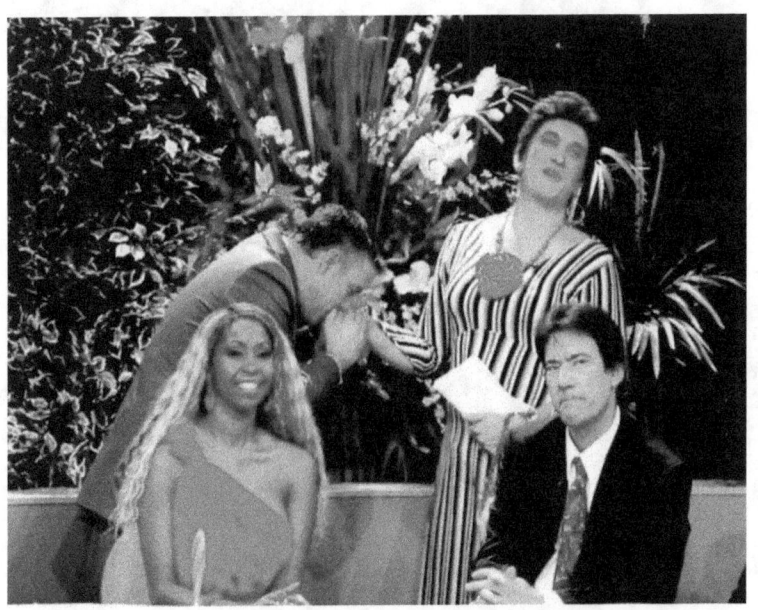

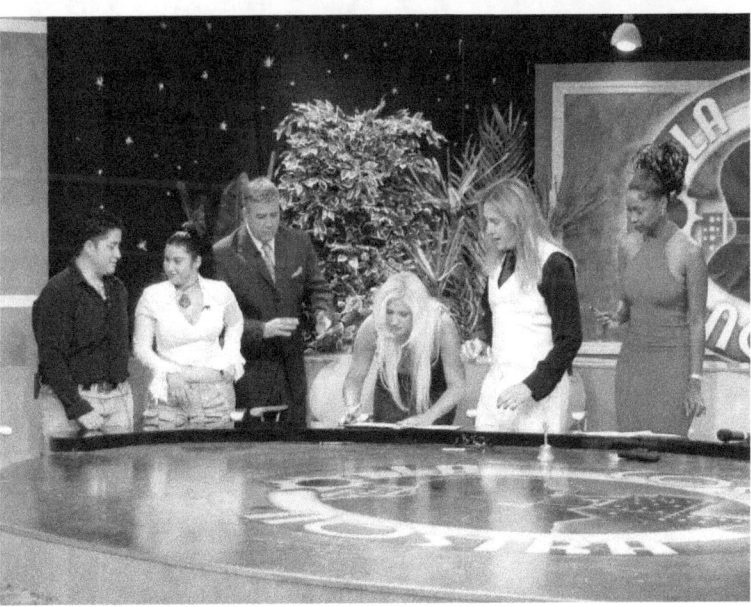

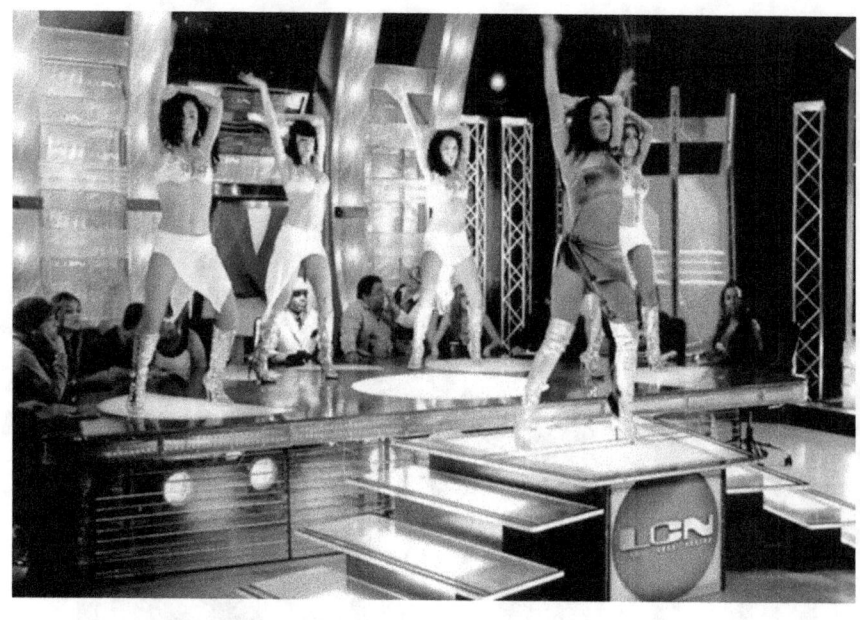

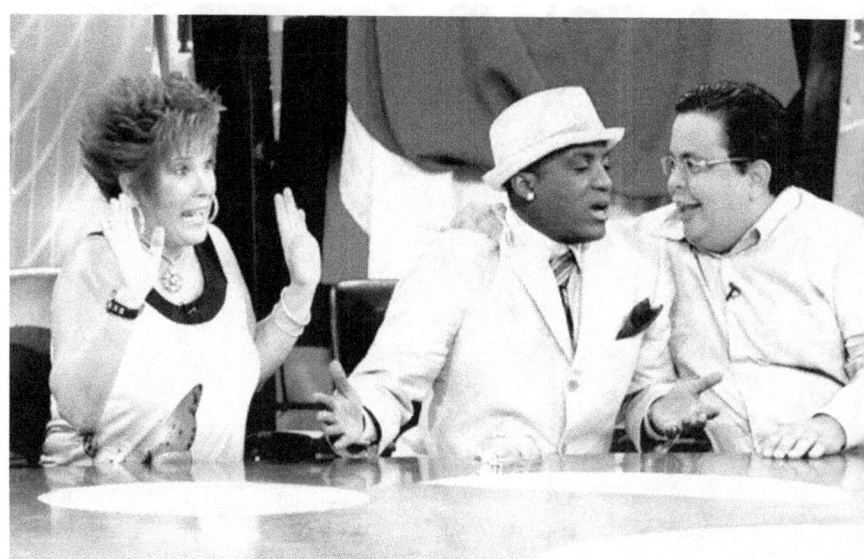

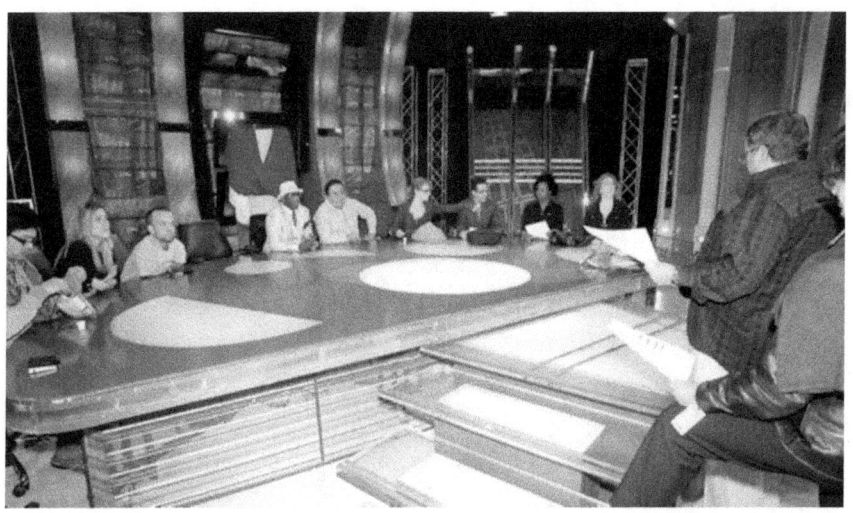

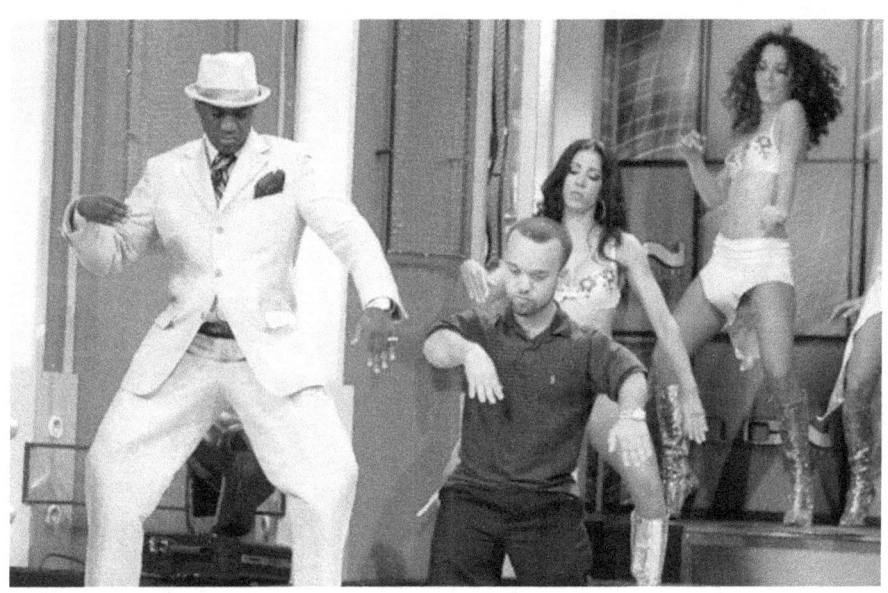